Die große Züchtigung naht!

Ruben Stein

Die große Züchtigung naht!

Christliche Prophetie aus sieben Jahrhunderten

Bibliografische Information der Deutschen Nationalbibliothek
Die Deutsche Nationalbibliothek verzeichnet diese Publikation in der
Deutschen Nationalbibliografie; detaillierte bibliografische Daten sind im
Internet über http://dnb.dnb.de abrufbar.

© 2016 Ruben Stein

Satz, Umschlaggestaltung, Herstellung und Verlag: BoD – Books on
Demand
ISBN 978-3-7412-1773-9

Inhalt

Vorwort	7
Marias panoramatischer Überblick	11
Der IS erklärt der Welt den Krieg	25
Die Hand Gottes	29
Der Fahrplan nach Gottfried von Werdenberg	33
Von der Republik zum Prinzipat	38
Der Große Monarch	47
Die sieben Zeitalter der Kirche	57
Die Prophezeiungen der hl. Hildegard	65
Die drei Weltzeitalter nach der hl. Birgitta	70
Gefahren für die Kirche	74
Strafgericht und Erneuerung der Kirche	80
Das Zeitalter Mariens	82

Vorwort

»Du kriegst bald Besuch vom Geheimdienst«, sagte mir Maria S. am Abend des 15. Februar 2016.

»Wieso das denn?«, fragte ich. Ich war sofort hellwach.

»Die wollen wissen, wie du an die ganzen Informationen gekommen bist, von denen sie selbst nichts wussten.«

Ich sollte vielleicht vorab erwähnen, dass wir uns an jenem Abend über die politischen Ereignisse des Tages unterhalten hatten. Den Medien war nämlich zu entnehmen gewesen, dass die türkische Artillerie syrische Truppen in Nordsyrien beschossen hatte. Außerdem hatte Saudi-Arabien kundgetan, dass es demnächst das größte Manöver aller Zeiten starten würde. Und Russland hatte seine Truppenpräsenz in Syrien ebenfalls verstärkt. Wahrscheinlich war es nur noch eine Frage der Zeit, bis auch die russische Schwarzmeerflotte ins Mittelmeer geschickt werden würde.

Im Großen und Ganzen ging ich zwar davon aus, dass weder die Türkei noch Saudi-Arabien irgendwelche militärischen Schritte ohne vorherige Genehmigung durch die USA unternehmen konnten – aber vielleicht war es diesmal anders.

Wie dem auch sei – ich hatte den Eindruck, dass die Türkei der Dreh- und Angelpunkt der ganzen Geschichte war.

Wer sich im Einflussbereich des US-amerikanischen Hegemonialstrebens als europäischer oder außereuropäischer Regierungschef auf Dauer halten will, sollte in erster Linie ein Jasager sein. Erdogans Vorgänger waren demzufolge auch weitestgehend devot. Bei Erdogan selbst scheint das aber nicht der Fall zu sein. Ich habe seit Jahren den Eindruck, dass er das Knie vor Obama nicht beugen will und dass man in US-amerikanischen Regierungskreisen inzwischen zu der Überzeugung gelangt ist, dass man dieses Problem jetzt lösen müsse.

Es ist also m. E. nicht auszuschließen, dass Obama seinem türkischen Amtskollegen heimlich grünes Licht für einen Einmarsch in Syrien gibt, um ihm dann anschließend »*den Teppich unter den Füßen wegzuziehen*«. Dieses Konzept war auch kurz vor dem Zweiten Golfkrieg erfolgreich, als die damalige US-Botschafterin im Irak, April Glaspie, Saddam Hussein grünes Licht für seinen Einmarsch in Kuwait gab. Auf der Seite *deutsche-wirtschafts-nachrichten.de* wurde am 28. Februar 2016 demzufolge auch über eine »List« der USA spekuliert: »*Die US-Regierung könnte versuchen, das Interesse der Öffentlichkeit auf Russland zu lenken – und doch tatsächlich ein anderes geopolitisches Ziel verfolgen: den Sturz des türkischen Präsidenten Recep Tayyip Erdogan.*«

»Sobald die Türkei Truppen nach Syrien schickt, weißt du ja, was passieren wird«, sagte Maria.

»Du meinst den Anschlag mit dreitausend Toten?«, fragte ich.

»Ja, es können auch etwas mehr als dreitausend sein«, erwiderte sie. »Und dann wird sich die Nachricht, dass ich das schon vor Jahren gesehen habe, wie ein Lauffeuer verbreiten.« (*Anmerkung: Maria hatte vorausgesagt, dass der IS in der Türkei einen gewaltigen Terroranschlag mit dreitausend Toten verüben werde. Dieses Ereignis würde den Auftakt zu einem Bürgerkrieg in der Türkei bilden, der letzten Endes den Sturz Erdogans einleiten würde*). »Und dann bekommst du Besuch vom Geheimdienst. Die wollen wissen, woher du das schon vorher wusstest. Die machen dann auch Fotos von dir.«

»Die wissen doch gar nicht, wer ich bin«, sagte ich.

Maria musste angesichts meiner Naivität herzhaft lachen: »Es gibt oberhalb der Geheimdienste eine Organisation, von der selbst die normalen Geheimdienste nichts wissen. Diese Leute kommen an jede Information, die sie haben wollen. Die kriegen sogar heraus, wie oft du die Klospülung betätigst. Die wissen auch längst, wer wir beide sind. Aber die normalen Geheimdienste haben natürlich auch ihre Methoden. Die wollen einfach wissen, wer die Bücher mit den Prophezeiungen der Maria S. geschrieben hat.«

»Und dann?«

»Dann werden sie dich zuerst beschatten und deine gesamte Kommunikation überwachen. Die wollen wissen, mit wem du Kontakt hast. Sie werden aber nichts finden, und dann kommen sie dich besuchen. Sie werden dich befragen und Fotos von dir machen. Von mir werden sie auch Fotos machen. Die Geheimdienste glauben ja nicht an Hellseherei. Die meinen, dass sie die Einzigen sind, die etwas wissen. Die können sich einfach nicht vorstellen, dass ich Jahre vorher weiß, was passieren wird.«

»Und was wirst du denen dann sagen?«

»Die Wahrheit natürlich. Dass ich das alles schon seit Jahren weiß.«

Vier Tage später, am 19. Februar 2016, sagte mir Maria, dass es »nur noch Monate« dauere, bis die Türkei Bodentruppen auf syrisches Territorium entsende. Und dann sei es praktisch nur noch eine Frage der Zeit, bis es zu dem von ihr bereits vor vielen Jahren geschauten Megaanschlag in der Türkei kommen werde.

Unstrittig ist, dass man mit herkömmlichen Selbstmordattentaten keine dreitausend Opfer erzielt. Entweder sprengt der IS ganze Hochhäuser, Banken oder Industrieanlagen in die Luft, oder er setzt unkonventionelle Waffen ein. Und da ist das Spektrum der Möglichkeiten bekanntlich sehr breit. Es reicht von einer schmutzigen Bombe *(Am 18. Februar 2016 meldete der FOCUS, dass im Irak seit November 2015 hochgefährliches radioaktives Material ver-*

misst wird. Man befürchtet, dass es dem IS in die Hände gefallen sein könnte) bis hin zum Einsatz von Nervengas.

Lassen wir uns also überraschen.

Wie Sie ja bereits aus unseren beiden ersten Büchern wissen, konzentrieren sich Marias Schauungen auf die Jahre 2016 bis 2022 – beginnend mit der Wahl Donald Trumps zum nächsten US-Präsidenten, über die vollständige Zerstörung Deutschlands durch Hunger, Revolution und Krieg bis hin zur Dreitägigen Finsternis. Über die darauf folgende Kaiserzeit sowie über das Schicksal der Kirche sagte sie bislang wenig.

Aus diesem Grunde habe ich sehr altes und weitestgehend unbekanntes Material von katholischen Sehern aus sieben Jahrhunderten ausgegraben und diesem Buche beigefügt. Dieses Material bezieht sich hauptsächlich auf das Schicksal der Kirche, den Großen Monarchen, den Heiligen Papst und den Antichristen. Aus diesem Material wird nicht nur klar ersichtlich, *was* passieren wird, sondern auch *warum*.

Wenn Sie im Folgenden also auch von den Schauungen und Weissagungen der hl. Hildegard von Bingen, der hl. Birgitta von Schweden oder des ehrwürdigen Bartholomäus Holzhauser lesen – um nur mal die ganz großen Namen zu nennen –, dann heißt das selbstverständlich nicht, dass wir einem späteren Urteil der Kirche vorweggreifen und Maria S. in dieselbe Reihe mit diesen großen Persönlichkeiten stellen wollen.

Aus der Gehirnforschung wissen wir, dass Erinnerung nicht immer hundertprozentig authentisch ist. Um diese Falle zu umgehen, habe ich Marias Prophezeiungen immer sofort aufgeschrieben.

Marias panoramatischer Überblick

Mit Tagespolitik darf ich Maria eigentlich nicht kommen. Sie hat den panoramatischen Überblick und zeigt an den medialen Eintagsfliegen wenig bis gar kein Interesse. Wenn ich trotzdem mal auf die Tagespolitik zu sprechen komme, wird sie zwar nicht direkt aggressiv, aber sie holt mich dann doch recht schnell mit ein, zwei Sätzen wieder auf den Boden der Tatsachen zurück: »**Deutschland wird vollkommen zerstört werden. Es ist zu spät. Begreif das doch endlich. Sieh zu, dass du dich in Sicherheit bringst.**«

Aber manchmal gleite ich in ihrer Gegenwart doch wieder in die Tagespolitik ab. Am 16. Januar 2016 zum Beispiel wurden die Sanktionen gegenüber dem Iran vollständig aufgehoben. Am darauf folgenden Tag, einem Sonntag, war ich bei Maria zu Kaffee und Kuchen eingeladen, und ich fragte sie nach den Folgen, weil ich mir um Israels Sicherheit Sorgen machte. Ihre Antwort: »**Iran weiß, dass es Krieg gibt. Deshalb schleudern sie jetzt so viel Öl raus. Hauptsache, es kommt Geld rein.**«

Einen Monat später, am 17. Februar 2016, war auf SPIEGEL ONLINE zu lesen: »*Trotz eines weltweiten Überangebots will Iran offenbar seine Ölproduktion hochfahren. Eine gemeinsame Strategie der Förderländer scheint zu scheitern.*«

Ich bin mir mittlerweile sicher, dass Maria das Gesamtszenario der nächsten Jahre fast bis ins Detail kennt, aber ich bin mir ebenso sicher, dass sie mir viele Facetten bewusst vorenthält – entweder weil sie mir keine Angst machen will oder weil sie mich für unfähig hält, den Gesamtzusammenhang zu begreifen. Jedenfalls hat sie mir schon mehr als einmal gesagt: »Das begreifst du nicht«, »Sei nicht so neugierig« oder »Das geht dich nichts an.« Außerdem hatte sie mir mal gesagt: »Das, was in unseren

Büchern steht, muss den Leuten genügen.« Und mit »Leuten« meinte sie offensichtlich auch mich.

Als ich sie zum Beispiel im Sommer des Jahres 2015 fragte, ob Hillary Clinton, die Kandidatin der Demokratischen Partei, die nächste US-Präsidentin würde, sagte sie mir: »**No chance.**« Der nächste Präsident würde definitiv ein Republikaner sein. Wörtlich: »**Ein richtiger Haudegen. Der wird richtig aufräumen.**«

Einen konkreten Namen nannte sie mir damals allerdings nicht. Sie nennt mir praktisch nie einen konkreten Namen! Sie umschreibt mir die Person, um die es geht, aber ihren Namen darf ich dann selbst erraten.

Am 10. Februar 2016, dem Aschermittwoch, war es allerdings anders. Diesmal sagte sie mir ganz konkret, wer der nächste US-Präsident wird: »**Trump ... Der macht sofort Krieg.**« Ich fragte: »Wo denn?« Ihre Antwort: »**Da, wo's was zu holen gibt.**« Ich fragte: »Iran?« Ihre Antwort: »**Schau ins Internet und mach dir dein eigenes Bild.**«

Meinen Iran-Tipp habe ich von ihr also nicht bestätigt bekommen. Wir wissen aber jetzt, dass Trump nach seiner Inauguration am 20. Januar 2017 die USA sehr schnell in einen neuen Krieg führen wird. Vielleicht lässt er aber auch nur einen alten Konfliktherd neu aufleben.

Dass Donald Trump entgegen den Wünschen und Vorstellungen der politischen Auguren letzten Endes doch das Rennen machen wird, liegt nicht zuletzt an seinen deutschen Wurzeln. Viele Amerikaner hegen eine offene (und noch mehr Amerikaner hegen eine klammheimliche) Bewunderung für alles Deutsche. Es hat sich inzwischen auch in den USA herumgesprochen, dass die Deutschen vierzig Jahre vor den Amerikanern einen Flugkörper mit annähernd Stealth-Eigenschaften entwickelt hatten (Horten Ho 229), und sie wissen auch, dass die ganze Erfolgsgeschichte der NASA auf den Schultern von zwei Deutschen ruht (Dr. Wernher von Braun und Dr. Kurt Debus).

Die Deutschen machen sich zwar gern selbst nieder, leiden vielleicht auch an einem kollektiven Minderwertigkeitskomplex, aber von den zwölf Jahren der Finsternis (1933 – 1945) einmal abgesehen, gibt es eigentlich keinen echten Grund dazu. Und es ist einfach Fakt, dass weite Teile der Welt – teils mit Neid, teils mit Bewunderung – zu den großen Leistungen dieses Kulturvolkes emporschauen.

Aber es ist nicht nur das deutsche Element, das die Amerikaner fasziniert. Noch faszinierender finden sie, dass Trump auf jede Form politischer Korrektheit pfeift (»*Wir werden dem IS die Scheiße aus dem Leib prügeln*«).

Sollte Donald Trump also tatsächlich im Juli 2016 auf dem Parteitag der Republikaner offiziell zu deren Präsidentschaftskandidat nominiert werden, dann wird er auch Präsident! Bis zu den US-Wahlen am 8. November 2016 wird die Lage in Deutschland bereits derart angespannt sein, dass das für Trump geradezu eine Steilvorlage ist. In der letzten Phase seines Wahlkampfs wird er die Lage in Deutschland genüsslich ausschlachten und die Amerikaner warnen: Seht ihr, das kommt dabei heraus, wenn man die Linken an die Macht lässt.

Dass Trump zu gewissen Grundsatzfragen nicht gerade eine ausgesprochen christliche Einstellung hat, ist der Weltöffentlichkeit spätestens seit der Kritik durch Papst Franziskus bekannt. Menschen mit dunkler Hautfarbe oder mit schwarzen krausen Haaren dürften es unter seiner Präsidentschaft nicht leicht haben – zumindest machte Maria S. diesbezüglich mal eine Andeutung.

Wenn wir bei einer Zigarette und einer Tasse Kaffee auf Marias Terrasse sitzen und sie gerade willens ist, sich mir gegenüber etwas zu öffnen, dann reicht oft ein Stichwort, um Interessantes über die Zukunft zu erfahren. Es war ein kalter Januartag und wir saßen dick eingemummelt draußen, als sie mir plötzlich sagte: »Der Klimawandel ist real. Die Leute werden mitten im Sommer morgens aufstehen und Eiszapfen an ihren Fenstern sehen.«

»Aktuell verspüren die Leute Angst und Unruhe. Sie wissen, dass was nicht stimmt. Aber von dem, was noch kommt, spüren die Leute gar nichts. Ich hingegen bin schon mit zwanzig weit in die Zukunft gereist, und ich spürte schon damals das Leben in zwanzig Jahren.«

Und als wir auf den Islam zu sprechen kamen: »**Die Moslems sind gar nicht das Problem. Die haben ja selbst keinen Glauben. Aber es gibt ja auch noch andere Religionen.**« Ich fragte: »Wie meinst du das?« Und sie antwortete: »**Satanismus ist auch eine Religion. Das Böse ist auch eine Macht.**« Und dann sagte sie mir, dass in Deutschland tagtäglich soundso viele Kinder verschwinden, die bei satanischen Ritualen Satan geopfert werden. »**Aus den Medien erfährst du höchstens einmal im Jahr, dass ein Kind spurlos verschwunden ist.**« Und dann erzählte sie mir, dass vor ungefähr einem halben Jahr mitten in Deutschland ein Satanist eine Frau in Scheiben gesägt und die einzelnen Teile einfach an den Straßenland gelegt hätte mit einem Zettel dran: »Bald seid ihr auch dran.« Nichts davon wäre damals durch die Medien gegangen.

Vor vielen Monaten hatte sie mir auch einen »**Krieg Moslems gegen Christen**« vorausgesagt. Wenn ich mich recht entsinne, sind wir auf das Thema gekommen, nachdem ich ihr gesagt hatte, dass zurzeit viele Menschen in Europa Angst vor einer »Zwangsislamisierung« hätten. Aber Marias Antwort hatte mich schon damals überrascht: »**Das wird nicht passieren. Die Probleme in Europa werden derart eskalieren, dass nur noch das Überleben zählt.**« Sie hatte aber auch gesagt: »**Der Krieg Moslems gegen Christen hat noch gar nicht richtig angefangen**« und ergänzt, dass dieser Krieg »**global**« ausgetragen würde. Erst im Februar 2016 kamen wir erneut auf das Thema zurück, und diesmal sagte sie mir, dass dies ein von den Eliten angezettelter Krieg sein würde. Man würde ihn der Welt als »**Religionskrieg**« verkaufen, und die Welt würde das auch glauben, aber in Wirklichkeit ginge es wie immer ausschließlich um Geld und Macht. Als ich sie am Abend des 22. Februar 2016 nach möglichen IS-Aktionen auf bundesdeutschem Gebiet fragte, sagte sie: »**Das dauert noch ein, zwei Jahre. Die sind ja noch nicht vollzählig hier. Aber dann sind sie überall.**« Maria hegt die Befürchtung, dass der IS bei der Rekrutierung neuer Kämpfer ziemlich erfolgreich sein wird. Und dann darf sich unser nächster Bundeskanzler mit ihnen herumschlagen.

In diesem Zusammenhang empfehle ich Ihnen unbedingt den fiktiven Roman »*Operation Centaurus*« von **Hubert Schulte Kellinghaus**. Dieses Buch, das ich vor ungefähr zehn Jahren gelesen habe, hat bereits viele Dinge, die wir seit dem »Arabischen Frühling« erleben mussten, visionär vorweggenommen. Und es ist nicht auszuschließen, dass noch weitere Teile des dort geschilderten Szenarios eintreffen werden.

Zum Thema »Religionskrieg« noch ein kleiner Exkurs: Auf der Website *kath-zdw.ch/maria/vergleichb.offenbarungen.html* finden sich die angeblichen Voraussagen der **hl. Bernadette Soubirous** (1844 – 1879). Bernadette habe im Jahre 1879 einen Brief an den damaligen Papst Leo XIII. mit insgesamt fünf Botschaften der Gottesmutter verfasst. Vier Prophezeiungen hätten sich bereits erfüllt, die fünfte stehe noch aus. In dieser fünften Prophezeiung wird angeblich gesagt: »*Es wird zum endgültigen Zusammenprall der Anhänger Mohammeds mit den christlichen Nationen kommen. Eine fürchterliche Schlacht wird ausgetragen, bei der 5.650.451 Soldaten ihr Leben verlieren. Eine Bombe mit großer Wirkung wird auf eine Stadt in Persien abgeworfen. Am Ende aber wird das Zeichen des Kreuzes siegen und alle Moslems werden sich zum christlichen Glauben bekehren.*«

Es ist gerade die Nennung einer präzisen Anzahl von Soldaten, die mich an der Echtheit dieser Prophezeiung zweifeln lässt.

Aber sollte diese Prophezeiung doch authentisch sein, wäre ihr auf jeden Fall ein hoher Grad an Aufmerksamkeit zu schenken. Denn bei Bernadette Soubirous handelt es sich bekanntlich um eine von der Kirche Heiliggesprochene. Außerdem zählt sie zu den rund einhundert sogenannten »unversehrten Leichnamen« katholischer Heiliger. Noch heute, nach 137 Jahren, kann man ihren unversehrten Leichnam in einem Glassarkophag in Nevers bewundern (Wer sich näher für das Leben dieser faszinierenden Heiligen interessiert, lese das brillante Buch von **Jean Barbet**, *»Die über alles schöne Frau. Die wahre Geschichte der hl. Bernadette nach den ersten authentischen Augenzeugenberichten«*).

Der Heilige Geist kann bekanntlich wehen, wo er will. Aber ob er das bei Ungläubigen oder Andersgläubigen im gleichen Ausmaß tut wie bei den katholischen Sehern, wage ich zu bezweifeln. So wie der Geist Gottes *vor* der Manifestation des Christentums *nur* bei den jüdischen Propheten geweht hat, tut er es m. E. seither *überwiegend* bei den katholischen Sehern. Selbstverständlich hat der Satan auch hier die Macht, ordentlich Unkraut unter den ganzen Weizen zu mischen, sodass man eine hundertprozentige Sicherheit selbst bei katholischen Prophezeiungen niemals haben wird. Aber wenn Prophezeiungen sich als wahr herausstellen, dann können das eigentlich nur Prophezeiungen von katholischen Sehern sein. Das gilt übrigens auch für die ganzen Wunder, die Gott regelmäßig wirkt. Besorgen Sie sich diesbezüglich unbedingt die Inaugural-Dissertation von **Harald Grochtmann** aus dem Jahre 1988: *»Unerklärliche Ereignisse, überprüfte Wunder und juristische Tatsachenfeststellung«*. In dieser vorzüglichen Arbeit geht es ausnahmslos um die seitens der Kirche anerkannten Wunder.

Doch zurück zu Maria S.:

Als wir auf den Angriff der Russen auf Westeuropa zu sprechen kamen, den sie ja für den Hochsommer 2022 angekündigt hatte, sagte sie mir: **»Und wenn dann die Bomben auf Deutschland fallen und die Bunker überfüllt sind und es keinen Platz mehr** darin gibt, dann überlebst du nur noch in der Kanalisation. Da kannst du dann kilometerweit in Gummistiefeln herumrennen, bis du unter einem sicheren Waldstück angekommen bist. Glaub mir, es kommt viel schlimmer als in unserem Buch beschrieben.«

Bei solchen Aussagen möchte natürlich jedermann wissen, wie viel Zeit wir noch bis zum großen Abräumen haben. Maria nannte zwar konkret das Jahr 2022, aber man darf dabei nicht jene Vorzeichen außer Acht lassen, die uns von anderen Sehern genannt wurden, aber noch nicht eingetreten sind. Stephan Berndt zählt in seinem Buch »*Countdown Weltkrieg 3.0*« explizit eine Reihe dieser Vorzeichen auf.

Es sind zwar noch nicht alle Vorzeichen, die dem Dritten Weltkrieg vorausgehen, eingetroffen, aber wir können beobachten, dass es zunehmend mehr Vorzeichen gibt, die sich erfüllen. Dazu gehört auch die Mode.

Erinnert sei hier nur daran, dass viele junge Männer aktuell **Vollbart** tragen und viele Frauen Haarschnitte »vorne lang, hinten kurz« (**Rabenköpfe**).

Dazu gibt es zwei Prophezeiungen.

Ein **Düsseldorfer Kapuzinerpater** sagte im Jahre 1792: »*Wenn die Frauensleute nicht wissen, was sie vor Üppigkeit und Hochmut für Kleider tragen sollen, bald kurz, bald lang, bald eng, bald weit: Wenn die Männer auch ihre Trachten ändern, und man allgemein die Bärte der Kapuziner trägt: Dann wird Gott die Welt züchtigen. Ein schwerer Krieg wird im Süden* (Irak, Syrien, Saudi-Arabien?) *entbrennen, sich nach Osten* (Iran?) *und Norden* (Türkei?) *verbreiten. Die Monarchen werden getötet werden. Wilde Scharen* (IS, Rote Armee?) *werden Deutschland überschwemmen und bis an den Rhein kommen. Sie werden aus Lust morden, sengen und brennen, sodass Mütter aus Verzweiflung, weil sie überall den Tod vor Augen sehen,* *sich mit ihren Säuglingen ins Wasser stürzen werden. Da, wenn die Not am größten ist, wird ein Retter kommen von Süden her* (Großer Monarch?); *er wird die Horden der Feinde schlagen und Deutschland glücklich machen. Dann werden an manchen Orten die Menschen so selten sein, dass man auf einen Baum steigen muss, um Menschen in der Ferne zu suchen.«*

Der »**Mühlhiasl**« (Matthäus Lang, 1753 – 1805) sagte: »*Eine Zeit wird kommen, wo die Welt abgeräumt wird und die Menschen wieder weniger werden. Das wird der Fall sein, wenn die Bauern mit gewichsten Stiefeln in die Miststatt hineinstehen, wenn sich die Bauersleut gewanden wie die Städtischen und die Städtischen wie die Narren, wenn erst die **Rabenköpfe** kommen, wenn die Mannerleut rote und weiße Hüte aufsetzen, wenn die farbigen Hüte aufkommen, wenn die Leut' rote Schuhe haben, wenn auf den Straßen Gäns daherkommen – nachher ist es nicht mehr weit hin!«*

Zu dieser Voraussage muss man ehrlicherweise ergänzen, dass mehrere Fassungen kursieren. An anderer Stelle heißt es nämlich: *»Wenn die Rabenköpfe aus der Mode kommen«*.

Bis 2022 ist es zwar noch ein bisschen hin, ebenso bis zur »Bankenapokalypse« im Herbst 2019, aber schon das Jahr 2017 wird ein paar böse Überraschungen für uns bereithalten.

Am 17. Januar 2016 war ich bei Maria zum Kaffee eingeladen. Privataudienz sozusagen. Dann gab es ein Telefonat mit ihrer Schwägerin, bei dem ich Ohrenzeuge wurde.

Ihre Schwägerin lebt in einer Kleinstadt in NRW. Bis vor kurzem gab es dort keinerlei nennenswerte Kriminalität. Aber jetzt *»5 bis 6 Einbrüche pro Tag!«* (O-Ton). Marias Schwägerin hatte sich vor ungefähr zwei Jahren eine große Immobilie zugelegt und hatte jetzt wegen der Ansiedelung von Flüchtlingen (drei Straßen von ihrem Haus entfernt) natürlich panische Angst.

Außerdem hatte sie gerade erst unser Buch »*Der dritte Weltkrieg kommt!*« gelesen, obwohl es ja bereits seit Juli 2015 auf dem Markt ist. Marias Schwägerin: »Jetzt rattert es nur noch so in meinem Kopf.«

Maria erinnerte ihre Schwägerin zunächst daran, dass sie sie bereits im Jahre 2014 vorgewarnt hätte, sich kein größeres Eigentum in NRW zuzulegen (ausgenommen natürlich Vorräte, Gold und Waffen). Ihre Schwägerin: »Wenn ich das gewusst hätte!« Maria: »Aber genau das habe ich dir doch damals gesagt!«

In der Folge diskutierten die beiden Frauen noch über Sicherheitsfragen. Aber dann nahm Maria ihrer Schwägerin den letzten Rest an Hoffnung: »2016 kannst du in Deutschland noch überleben, 2017 nicht mehr.« Da lief es auch mir kalt über den Rücken.

Um ganz sicher zu gehen, wie sie diesen Satz meinte, rief ich sie am Abend des folgenden Tages noch mal an. Dabei sagte sie mir, dass sich an dem im ersten Buch geschilderten Szenario gar nichts ändere. »Es wird genau so kommen.« Auch die Jahreszahlen, die ja bei jeder Prophezeiung grundsätzlich ein heikles Thema sind, stehen aus ihrer Sicht unverrückbar fest. Und zu dem gegenüber ihrer Schwägerin ausgesprochenen Satz mit Bezug auf das Jahr 2017 nahm sie wie folgt Stellung: »**Dann kannst du nicht mehr vor die Tür gehen, ohne Gefahr zu laufen ermordet zu werden.**« Das heißt: Im laufenden Jahr 2016 kann man also noch weitestgehend unbeschadet aus dem Haus gehen. Zumindest tagsüber.

Seit den schrecklichen Ereignissen vom Silvesterabend 2015, die sich in mehreren deutschen Großstädten gleichzeitig zugetragen haben, ist ein deutlicher Wandel in der Einstellung der deutschen Bevölkerung zu Merkels Flüchtlingspolitik zu beobachten. In den ersten Januartagen versuchte die Politik noch die Polizei dafür verantwortlich zu machen, aber mittlerweile hat auch der Letzte begriffen, wie die Druckpyramide in Deutschland funktioniert:

Die Polizei bekommt Druck von ihrem jeweiligen Polizeipräsidenten, die Polizeipräsidenten bekommen Druck von ihrem jeweiligen Innenminister, und die Innenminister der Länder bekommen Druck von ihrem jeweiligen Ministerpräsidenten, dem Bundesinnenminister und der Kanzlerin. Und die Kanzlerin bekommt Druck von irgendeiner noch höher gelagerten Befehlsebene. »**Du siehst an Merkels Gesicht, dass sie selbst kurz vorm Platzen ist. Aber sie hat keine Wahl, sie muss tun, was ihr befohlen wird**«, hatte Maria S. mir bereits Mitte Oktober 2015 gesagt.

Dass die Polizei in Deutschland einfach nur zu bemitleiden ist, bestreitet niemand mehr. Außer Deutschland kenne ich kein Land, in dem die Polizei »dein Freund und Helfer« ist. In jedem anderen Land hätte sie bei vergleichbaren Vorkommnissen wie am Silvesterabend zumindest mit Schüssen in die Beine reagiert. Das Problem ist also nicht die deutsche Polizei, sondern die Politik. Die Polizei wurde in den letzten Jahren systematisch kaputtgespart. Die gesellschaftlichen Probleme nehmen aber aufgrund einer total verfehlten Politik nicht ab, sondern beständig zu. Weil die Politik aber nicht willens ist, die Zahl der deutschen Polizisten mindestens zu verfünffachen, bewaffnen sich die Bürger inzwischen selbst.

Marias Aussagen zur »**explodierenden Kriminalität**« gelten zunächst »**nur für die deutschen Großstädte**«. Von Bürgerkrieg ist noch nicht die Rede. Was diesen betrifft, verweise ich auf eine **CIA-Studie** aus dem April 2008, die einen Bürgerkrieg in Deutschland bis spätestens 2020 voraussagt. Betroffen würden sein: Teile des Ruhrgebiets (Dortmund und Duisburg), Teile Berlins, das Rhein-Main-Gebiet, Teile Stuttgarts, Stadtteile von Ulm sowie Vororte Hamburgs.

Des Weiteren verweise ich auf den im Jahre 2009 erschienenen Bestseller von **Udo Ulfkotte** »*Vorsicht Bürgerkrieg! Was lange gärt, wird endlich Wut*«. Darin erwähnt der Autor einen sogenannten »**Atlas der Wut**«, »*eine angebliche, geheime Liste über soziale Brenn-*

punkte in Deutschland, die von Sicherheitsbehörden dem Bundeskanzleramt erstmals 2005 vorgelegt worden sein soll« (Wikipedia).

Es gibt eine weithin bekannte Schauung der **Katharina aus dem Ötztal** (1883 – 1951), die häufig auf die Zeit unmittelbar vor dem Dritten Weltkrieg bezogen wird:

*»Die Leute sind auf dem Feld, es ist Spätsommer, das Korn schon reif, da kommen sie, ganze **Horden schiacher** (Angst einflößender) **Leute**, und überfallen alles. Sie bringen um, was sie erwischen – es ist furchtbar. Die Haustüren werden eingeschlagen und alles kaputt gemacht. Sie morden und rauben, und sogar Einheimische aus dem Dorf laufen mit jenen und plündern genauso ... Kinder, ihr müsst auf den Berg fliehen. Dort müsst ihr auch etwas zu Essen verstecken und etwas zum Schlafen herrichten. Auf den Berg gehen diese **plündernden Horden** nicht hinauf. Springt ja nicht ins Dorf ... Es geht auch hauptsächlich um den Glauben. Es gibt nur zwei Parteien: Für den Herrgott und gegen den Herrgott! Die **Verfolger der Kirche** haben eine Zeitlang eine große Macht! Aber diese kurze Zeit dürft ihr im Glauben nicht umfallen. **Bleibt mir um Gottes Willen katholisch**. Ihr müsst stark bleiben, auch wenn es euch das Leben kostet, denn die Gottlosen werden zum Schluss vom Herrgott furchtbar gestraft. Die Glocken wollen sie noch von den Türmen holen, um sie einzuschmelzen, aber sie kommen nicht mehr dazu, es geht zu schnell ... Ich sehe irgendwo eine Kirche, gesteckt voller betender Leute, plötzlich kommen diese schiachn **Leute in roten Fetzen** und sperren die Kirchentüren zu, und bringen die in der Kirche alle um. Es kommt eine schreckliche Zeit: Ich sehe Weiberleut' alle in schwarz und am Friedhof Haufen an Haufen. Alte Männer werden am Kirchplatz von einem alten Pfarrer mit dem Allerheiligsten gesegnet, und sie gehen zu Fuß zum Tal hinaus und kämpfen draußen, gar nicht weit weg, nur mit Messern und einfachen Waffen, Mann gegen Mann. Sie haben nur Socken an, statt Schuhe, so groß ist die Not. Vom hinteren Ötztal werden Verwundete auf Leiterwagen herausgebracht.«*

Kurz vor Fertigstellung dieses Buches las ich Maria S. diese Schauung vor und bat sie um Deutung. Ihre Antwort: »**Das** stimmt exakt mit dem überein, was ich gesehen habe. Das ist der Hungerkrieg, der auf den Bankenkrach folgen wird. Der Russenangriff kommt erst später.«

Die »*Leute in roten Fetzen*« sind also definitiv **keine Russen**. Aber was hat Katharina aus dem Ötztal dann gesehen? Mir fällt keine andere Erklärung ein, als dass zu jener Zeit die extreme Linke an der Macht ist. Und das wird in einigen Prophezeiungen auch genau so angekündigt. Denkbar wäre aber auch, dass die von dem Bürgerkrieg in der Türkei nach Deutschland geflüchteten Türken ebenfalls auf Nahrungssuche sind (Die Flagge der Türkei ist rot).

Angesichts der vielen Heimsuchungen, die schon bald auf Deutschland zukommen werden, stellte mir ein Leser die Frage, ob **Irland** »sicher« sei.

Ich gab die Frage an Maria weiter. Sie sagte sofort: »Sehr gut. **Grönland** aber auch, aber da ist es zu kalt.« »Was ist mit Island?«, fragte ich. Antwort: »Island ist weniger gut.«

Dann fragte mich ein Leser nach Südamerika. Marias Antwort: »**Paraguay** und **Chile**.« Aber dann kam gleich hinterher: »Aber da musst du viel Geld mitnehmen.«

Keine Ahnung, wie sie das meinte, aber ich könnte mir vorstellen, dass zu der Zeit, wo die eigentliche Flucht aus Deutschland beginnt, auch die angeblich »sicheren« Länder ihre Einwanderungsgesetze verschärfen und viele Einreisewillige abweisen werden. Das heißt, man benötigt dann schon eine Menge Geld, um die dortigen Behörden zu bestechen. Ist aber nur eine Vermutung von mir.

Es gab eine weitere Leseranfrage zu dem sogenannten »**Kornkreis-Phänomen**«. Maria hatte mir diese Frage bereits im Mai 2015 beantwortet. Wir waren bei einer Freundin zu Besuch, die über eine ziemlich umfangreiche Bibliothek mit esoterischer Literatur verfügt. Rein zufällig zog ich einen Bildband mit sehr vielen Kornkreisfotos aus dem Regal. Ich blätterte den Bildband durch und war ziemlich beeindruckt. Ich fragte Maria, welchen Ursprung diese unglaublich präzisen geometrischen Muster in den Kornfeldern haben. Maria sagte: »**Die sind auf jeden Fall nicht von Menschen gemacht.**« Ich habe aber dann auch nicht weiter nachgehakt.

Persönlich beschäftigt mich die Frage, wer die **Große Pyramide von Gizeh** tatsächlich erbaute und welchem Zweck sie in Wirklichkeit diente, schon seit Jahrzehnten. In dem Buch »*Das Geheimnis der Pyramid Power*« von **Max Toth** (ich zitiere aus der 1. Auflage vom **Oktober 1988**) fand ich auf Seite 191 den folgenden bemerkenswerten Satz: »*Zum Beispiel gilt nach allgemeiner Übereinkunft der September des Jahres 2001 als letztes durch die Maße der Großen Pyramide verkörpertes Datum, aber niemand weiß, welches Ereignis dieses Datum bedeutsam machen wird.*«

Nun, heute wissen wir, was im September 2001 geschah, und wir legen unsere Stirn staunend in Falten: In einem Buch aus dem Jahre 1988 wird *expressis verbis* auf den September 2001 verwiesen! Wer, so fragen wir uns, konnte das bereits vor viereinhalb Jahrtausenden wissen?

Maria gab mir zum Rätsel der Erbauung der Großen Pyramide die folgende Erklärung: Die alten Ägypter hatten damals Unterstützung von Kräften »**aus anderen Dimensionen**«. Es waren aber *keine* Außerirdischen! Die alten Ägypter hielten die Zusammenarbeit mit diesen Mächten »**für völlig normal**«, sahen sich aber außerstande, diese Art der Zusammenarbeit in ihrer Schriftsprache auszudrücken. Deshalb hielten sie die Geschichte »**in Bildern**« fest. Die Ägyptologen sind bis jetzt aber noch nicht hinter das Geheimnis dieser Bilder gekommen: »**Sie verstehen zwar die Schrift, aber nicht die Bilder. Die Erklärung wird aber nur in den Bildern gegeben.**«

Irgendwann erwähnte ich ihr gegenüber, dass sich unsere beiden Bücher bei Amazon schon viele negative Rezensionen eingefangen hätten. Dazu sagte sie: »**Mach dir keinen Kopf. Das ist einfach nur Futterneid. Die Leute sind doof und dämlich. Die werden sich noch wundern, was alles passieren wird. Es gibt immer Dumme, die das nicht glauben. Können sie auch nicht, weil sie von den Politikern und den Medien dumm gehalten werden.«**

Dass der von mir hochgeschätzte Irlmaier-Experte **Stephan Berndt** für sein exzellentes Buch »*Countdown Weltkrieg 3.0*« ebenfalls einige negative Rezensionen kassiert hat, empfinde ich schlichtweg als Skandal. Aber es gibt eben immer Kleingeister, denen der Blick für Qualität verwehrt ist. Unterm Strich sagen diese negativen Rezensionen *nichts* über das Buch, aber *alles* über die Rezensenten.

Der IS erklärt der Welt den Krieg

Einer meiner besten Freunde, der Terrorismusexperte **Berndt Georg Thamm**, publizierte soeben in der »*Zeitschrift der Gewerkschaft der Polizei*« einen äußerst informativen Artikel über die Dschihadziele des Islamischen Staates: »*Foreign Fighters: Die Fünfte Kolonne des Islamischen Staates*« (März 2016).

Vorab weise ich darauf hin, dass die IS-Terroristen, die jetzt mit den Flüchtlingsströmen in Europa einsickern, kein »jungfräuliches« Terrain vorfinden, sondern eine seit mindestens 27 Jahren bestehende und immer besser funktionierende Infrastruktur. Diese Infrastruktur befindet sich gerade in der dritten Phase ihres Ausbaus.

- Die erste Phase reichte von 1989 bis »nine-eleven« (zwölf Jahre)
- Die zweite Phase erstreckte sich von »nine-eleven« bis zum »Arabischen Frühling« (zehn Jahre)
- Die dritte Phase begann mit dem »Arabischen Frühling« und reicht bis zur aktuellen »Flüchtlingskrise« (fünf Jahre).

Im Folgenden einige **wichtige Auszüge** aus Berndt Georgs Artikel:

- In einem Bericht EUROPOLS, den Direktor Rob Waynewright Ende Januar in Amsterdam vorstellte, hieß es, dass die Dschihadisten »insbesondere Europa« im Visier hätten. Der IS hätte »neue, gefechtsartige Möglichkeiten« entwickelt, um weltweit eine Reihe »groß angelegter Terroranschläge« zu verüben. Dazu hätte der IS ein Kommando für Einsätze außerhalb seines Kalifats in Syrien und Irak gebildet, das »für Angriffe nach Vorbild von Spezialeinsatzkräften in einem internationalen Umfeld trainiert.«

- Seinen voluminösen »Appell zum weltweiten islamischen Widerstand« hatte der Syrer Abu Mussab al-Suri schon vor einem Dutzend Jahren zu Papier gebracht. In der Folge gab und gibt dieser ungezählten Einzeltätern (»lonely wolves«), daheimgebliebenen ISIS/IS-Sympathisanten und Syrien-Heimkehrern »dschihadistische Orientierung«. Auch den Attentätern von Paris, so Frankreichs renommierter Islamwissenschaftler Gilles Kepel Ende des Jahres, die dem Aufruf dieses Vordenkers folgten, »der zu einem ,globalen Dschihad' aufgerufen hat und der eine Spaltung der Gesellschaft, einen regelrechten Bürgerkrieg zwischen Muslimen und Nicht-Muslimen herbeiführen möchte.«
- Über »Europas Angst vor zurückgekehrten Kämpfern«, »Nadelstichoperationen«, die Instrumentalisierung von Protestaktionen gesellschaftlicher Gruppen für eigene Zwecke und andere Unterweisungen«, schrieb ein **anonymer Dschihadexperte** einen »**Mujahid Guide (2015)**«
- Auf die Existenz dieses in Englisch verfassten »Handbuchs für Glaubenskämpfer«, in dem sich auch aktuelle Ereignisse wie »Charlie Hebdo attack« wiederfinden, wurde die Öffentlichkeit in Deutschland erst vor einem guten Vierteljahr (im ZDF Politmagazin »Frontal 21« am 24. November) aufmerksam. Sein Titel »How to survive in the West« (Wie im Westen überlebt wird) ist Programm, wendet es sich doch an Muslime, die in Ländern leben, in denen die Nichtmuslime die Mehrheit stellen. Der Muslim lebt wie ein »Geheimagent«, so der Autor im Vorwort, da er in den nichtmuslimischen Ländern sowohl ein öffentliches als auch ein »geheimes« Leben zu führen hat, eben ein Doppelleben und dies über Jahre. Durch das Studium dieses Werkes soll gelernt werden, wie man zur »Schläferzelle« wird, die zur richtigen Zeit aktiviert wird, wenn die Muslimgemeinschaft dies braucht, heißt es in der Einleitung. Die nachstehenden zehn Kapitel dienen der »Vorbereitung für den Dschihad«: Verschleierung der Muslimidentität in nichtmuslimischen Ländern (Kapitel 1); Aufkündigung der Loyalität, das heißt, der Sicherheitsabkom-

men, die mit Nichtmuslimen geschlossen wurden, quasi ein »erlaubter Bruch« der Friedenspflicht (Kapitel 2); Erwerb von Finanzmitteln, zum Beispiel durch IT/Computerkriminalität (Kapitel 3); Abschirmung der Internet-Privatsphäre (Kapitel 4); Körperertüchtigung unter Nutzung westlich-urbaner Gewohnheiten, zum Beispiel Lauftraining im Park und/ oder Training in Kampfsportschulen (Kapitel 5); Umgang mit »einfachen« Waffen (zu denen auch das Sturmgewehr AK-47 gezählt wird) und Überlebenstechniken (Kapitel 6); Umgang mit modernen Waffen (Kapitel 7); Bombenherstellung, vom »Molotov-Cocktail« über die Mikrowelle bis zur Autobombe (Kapitel 8); Waffentransporte (Kapitel 9). Das Kapitel 10 beantwortet die Frage »Was geschieht, wenn Du ausgespäht und festgenommen wirst«

- Mit dem Abschluss dieser Dschihad-Vorbereitung soll aus dem »Schüler« ein »special services secret agent« geworden sein, dessen Aufgabe es nun ist, den Dschihad zu unterstützen. Dem »Beginn des Dschihad« sind dementsprechend die Kapitel 11 (Guerilla-Kriegsführung) und 12 (Flucht zur eigenen Sicherheit) gewidmet … Ganz zum Ende wird das eigentliche Ziel bildhaft dargestellt: **Das globale islamische Kalifat wird Europa von allen Seiten umzingeln und einnehmen – im Westen Spanien, im Zentrum Italien und im Osten die Türkei**
- Im zweiten Jahr seiner Existenz sieht sich das Kalifat von einem »unheiligen Triumvirat« bedroht, das aus seiner Sicht von den vom wahren Glauben abgefallenen »schiitischen Schlangen«, den gottlosen Kommunisten aus Russland und einer vom »großen Satan« USA geführten Anti-IS-Allianz von über 60 Staaten gebildet wird. Vor diesem Hintergrund hat der IS im vergangenen Jahr angefangen, der ihn bekämpfenden Welt den Krieg zu erklären.

Soweit die Auszüge aus dem Artikel. Selbst wenn das neue Kalifat längst besiegt und untergegangen sein sollte, wird sich an den globalen sicherheitspolitischen Herausforderungen für die

Staatengemeinschaft nicht das Geringste ändern. Die überlebenden »Foreign Fighters« werden bis dahin nämlich alle in ihre Ursprungsländer zurückgekehrt sein.

Besonders gefährdet ist Deutschland. Als Hochburgen hochgefährlicher islamistischer »Gefährder« gelten die Stadtstaaten Bremen, Berlin und Hamburg. Danach folgen die Bundesländer Nordrhein-Westfalen, Hessen und das Saarland. Überhaupt keine Personen aus dieser Gruppe halten sich in Sachsen-Anhalt und Mecklenburg-Vorpommern auf.

Da die Bedrohungslage eher zu- als abnimmt, tragen sich viele Deutsche mit dem Gedanken in sichere Länder auszuwandern. Es zieht sie nach Israel, Polen, Tschechien, die Slowakei, Ungarn, Kroatien und Slowenien. Hierzu ist zu sagen: Das mag vielleicht ein paar Jahre lang gut gehen, aber nach einem globalen Bankenkrach wird es selbstverständlich auch in diesen Ländern mit der Ruhe schnell vorbei sein.

Die Hand Gottes

Mit zunehmender Zuspitzung der weltpolitischen Gefahrenlage nimmt auch das Interesse an Prophezeiungen zu. Aber wenn man sich in den Internetforen, die sich mit dem Thema Prophezeiungen befassen, einmal etwas genauer umschaut, dann stößt man unweigerlich auf Beiträge von Menschen, welche die von den großen europäischen Sehern geschauten Szenarien rein weltlich – also von Menschen gemacht – interpretieren.

Es stimmt zwar, dass es in dieser Welt ausschließlich um Geld und Macht sowie um Rohstoffe und geostrategische Einflusssphären geht, und noch nie ging es um Menschenrechte oder Menschenwürde (zumindest habe ich das so von Maria S. gelernt), aber bei wenigstens **zwei Ereignissen**, die uns noch bevorstehen, wird eindeutig die **göttliche Hand** im Spiel sein:

Diese beiden Ereignisse sind der **Russenangriff** und die **Dreitägige Finsternis**.

Was den Russenangriff betrifft, hat **Schwester Lucia** (eines der drei Seherkinder von Fatima) gesagt, dass »*Russland das Instrument der Strafe*« sein werde. Und über die Dreitägige Finsternis sagte Maria S., dass sie übernatürlichen Ursprungs sein werde und bei ihrem Eintritt im Spätherbst 2022 auch von jedem Menschen als übernatürlich aufgefasst würde.

Darauf, dass auch Mutter Natur noch eine drastische Antwort auf unser menschliches Fehlverhalten parat hält, werde ich jetzt nicht eingehen. Es sei an dieser Stelle aber erwähnt, dass auch Maria S. für die Zukunft ganz furchtbare Naturkatastrophen – vor allem Überflutungen – geschaut hat. Andere Seher künden von epidemischen Krankheiten an Menschen und Tieren, fügen aber hinzu, dass all diese Warnungen und Mahnzeichen vom Unglauben verachtet werden. Dabei sind das alles Zeichen, die uns der Himmel gibt.

Nach hundert Jahren gottloser sozialistischer Umerziehung (je nach Gusto in brauner, roter oder grüner Gewandung) ist es dem modernen Menschen praktisch unmöglich, die **Hand Gottes** bei all den furchtbaren Züchtigungen, die bereits geschehen sind und die noch kommen werden, zu erkennen oder den Gedanken, dass Gott mit im Spiel ist, auch nur ansatzweise zu akzeptieren.

Und doch ist es die Wahrheit. Nicht nur Maria S. sagt es uns – nahezu alle großen Seher haben es über alle Jahrhunderte hinweg verkündigt: Gott verlangt von uns **Buße und Umkehr**. Andernfalls drohen furchtbare Strafgerichte.

Aber bereits im »**Lindenlied**« können wir nachlesen, dass die Mahner wenig Gehör finden werden:

»Mahnwort fällt auf Wüstensand,
Hörer findet nur der Unverstand.
Wer die meisten Sünden hat,
Fühlt als Richter sich und höchster Rat.«

Einige Seher bringen ihre Verachtung gegenüber der republikanischen Staatsform offen zum Ausdruck. Aber meines Wissens hat sich Gott nie dazu geäußert, ob ihm die Monarchie lieber ist als die Republik. Vielleicht ist es ihm herzlich egal. Aber was er uns zu allen Zeiten durch seine Propheten und Seher ausrichten ließ: Tut Buße für eure Sünden! Kehrt um!

Spätestens jetzt erhebt sich die Frage, wie sich denn eine wahre von einer falschen Prophezeiung unterscheiden lässt? Die Antwort dürfte klar sein: Als oberste Autorität gilt uns diesbezüglich ausschließlich die Kirche, welche von Christus als Institution zur Wahrung des allein seligmachenden Glaubens gestiftet und mit der hierzu nötigen Eigenschaft der Unfehlbarkeit ausgestattet ist.

Im konkreten Falle wird die Kirche nach eingehender Prüfung einer ihr vorgelegten Prophezeiung aber höchstens erklären, dass darin nichts enthalten ist, was gegen den katholischen Glauben und die Sittlichkeit verstößt und dass diese Offenbarung für echt gehalten werden *könnte* – aber kein Katholik wird dadurch gezwungen, an irgendeine Prophezeiung zu glauben.

Wie wir im weiteren Verlauf dieses Buches noch sehen werden, macht die züchtigende Hand des Vaters auch vor der Kirche seines Sohnes nicht halt.

Wer sich dafür interessiert, in welcher Verfassung sich die Kirche nach der großen Züchtigung befinden wird – vollkommen gereinigt und geläutert –, der google mal im Internet nach **Helmut Lungenschmid**. Lungenschmid hatte als Fünfzehnjähriger bei einem Zahnarztbesuch infolge einer Überdosis eines Narkosemittels ein Sterbeerlebnis. Während dieser Schau sah er nicht nur sein vergangenes, sondern auch sein zukünftiges Leben. Von ganz besonderem Interesse ist allerdings das, was er über den Zustand der **Kirche** *nach* der großen Reinigung zu sagen hat.

Um es kurz zu machen: Die Kirche wird unter den Peitschenschlägen des Herrn regelrecht in die Knie gehen, aber schon bald darauf auf nahezu wunderbare Weise neu aufblühen. Ja, sie wird danach regelrecht triumphieren! Alles, was sich jahrhundertelang in der Kirche bewährt hat, wird wiederkommen. Der alte Messritus, die ausschließliche Mundkommunion und die Ohrenbeichte. Vor den Beichtstühlen sollen sich wieder lange Schlangen bilden. Die zentralen Bestandteile des religiösen Lebens werden künftig wieder die wöchentliche Beichte, der sakramentale Segen und die eucharistische Anbetung sein. Und in der hl. Messe dominiert dann nicht mehr der semi-protestantische Mahlcharakter, sondern wieder der Opfercharakter. Der Priester wird dann nicht mehr mit dem Gesicht zur Gemeinde opfern, sondern in Richtung Hochaltar, so wie er es jahrhundertelang getan hat. Der Gemeinde wendet er dabei den Rücken zu.

Und auch der **hl. Josemaría Escrivá,** der Gründer des Opus Dei, sagte wenige Jahre nach dem Zweiten Vatikanischen Konzil: »*Werft die alten Messbücher nicht weg, sie werden zurückkehren.*«

Der Fahrplan nach Gottfried von Werdenberg

In unseren beiden Vorgängerbüchern hatte ich durchklingen lassen, dass ich Alois Irlmaier für den größten aller zeitgenössischen Seher halte und wiederholt auf seinen »Fahrplan« verwiesen.

Auf der Seite *enominepatris.com/weissagungen/20.htm* stieß ich jetzt auf einen für mich neuen Namen: **Gottfried von Werdenberg**, einem Seher aus Österreich, von dem ich allerdings nicht hundertprozentig weiß, welche der in seinem Buch *»Vision 2004«* erwähnten Schauungen tatsächlich von ihm selbst stammen, und bei welchen Schauungen es sich vielleicht nur um eine Zusammenstellung von Schauungen anderer Seher handelt. Fakt ist allerdings, dass sich seine Aussagen in weiten Teilen mit dem von Maria S. geschauten Szenario decken. Geirrt hat er sich nur mit seinen Jahresangaben.

Hier nun Auszüge der wichtigsten Etappen *seines* »Fahrplans«:

- Man soll sich nicht von Öl oder Gas abhängig machen. Kohle und Holz werden wiederkehren. Bevor der Dritte Weltkrieg beginnt, wird Russland die Lieferung von Öl und Gas an andere Länder einstellen. Hinzu kommt eine zweite militärische Auseinandersetzung in der saudi-arabischen Gegend vor dem Dritten Weltkrieg *(Dies passt zu einer Aussage von Maria S., wonach von Saudi-Arabien nichts übrig bleiben wird)*
- Nur jene, die auf dem Lande leben, werden den Dritten Weltkrieg überleben
- Kurz vor dem Ausbruch des Dritten Weltkrieges werden viele Ost- und Südosteuropäer nach Westeuropa strömen
- Deutschlands Wirtschaftskraft wird untergehen. Deutschland wird sich vor dem Dritten Weltkrieg nicht wieder erho-

len. Deutschland wird mit der kommenden Wirtschaftskrise nicht fertig. Die Steuern werden für die Menschen untragbar, der Lebensstandard wird fallen, die Wirtschaft gerät in einen desolaten Zustand *(Deckt sich mit den Aussagen von Maria S.)*
- Der ökonomische und geldpolitische Bankrott wird vor den Bürgerkriegen kommen und problemlos in den Dritten Weltkrieg münden *(Deckt sich ebenfalls mit der Phasenabfolge nach Maria S.)*
- Militärführer werden die Macht in Russland vor dem Dritten Weltkrieg übernehmen *(Von Maria S. habe ich diesbezüglich zwar keine Schauung, aber es ist nicht auszuschließen, dass Putin bereits im Jahre 2018 durch den jetzigen Verteidigungsminister Sergei Schoigu abgelöst wird)*
- Die US-Streitkräfte werden sich vollständig aus Europa zurückziehen, was es für die Russen einfacher macht
- Die Zerstörung New Yorks wird nicht Teil des Dritten Weltkriegs sein, es passiert vorher *(5. Mai 2022?)* New York wird zerstört durch den Hass islamisch-arabischer Kreise. Es steht wahrscheinlich mit dem US-Engagement im Nahen Osten zusammen. Es ist eine Antwort auf etwas, was die Amerikaner den Arabern angetan haben
- Neben der Zerstörung New Yorks wird ein weiteres wichtiges Vorzeichen ein bewaffneter Konflikt im Nahen Osten sein, der sich auf arabischem Boden abspielt und Saudi-Arabien einschließt. Die USA besetzen die saudischen Ölgebiete, werden aber zurückgeschlagen und besiegt
- Vor dem Dritten Weltkrieg wird es in Afrika einen Krieg Nord gegen Süd geben. Der Seher warnt die Menschen ausdrücklich davor, nach Südafrika auszuwandern *(Nun, man sollte aktuell wirklich keinen Fuß auf afrikanischen Boden setzen. »Afrika ist verflucht«, sagte mir Maria S. schon vor Monaten, »weil die Leute da alle Magie machen.« Nach der Dreitägigen Finsternis wird sich Afrika allerdings vollkommen wandeln. Das wissen wir aus dem »**Lindenlied**«. Afrika wird dann »im Glaubensglanz erstrahlen« und wahrscheinlich zu hundert Prozent katholisch werden)*

- Vor dem Dritten Weltkrieg wird die Macht in Europa in Händen der radikalen Linken liegen. Bolschewismus und Kommunismus werden eine Wiederkehr feiern. Christentum und Kirche leiden unter der Verfolgung durch die linksradikalen Führer, besonders in Italien und Frankreich
- Die multikulturelle Gesellschaft wird multikulturelle Verbrechen hervorbringen. Tschechien und die Slowakei werden allerdings stabil bleiben *(Das wissen wir bereits heute, weil sich diese Staaten hartnäckig weigern, Migranten aus islamischen Ländern aufzunehmen)*
- Die Energiekrise wird ihren Höhepunkt vor dem Dritten Weltkrieg erreichen
- Kurz vor Ausbruch des Dritten Weltkrieges werden Millionen Menschen aus Ost- und Südosteuropa die westeuropäischen Länder überfluten *(Ich denke dabei sofort an die Ukraine und an die Türkei, wobei letztere natürlich nicht zu Europa gehört)*
- Das Chaos beginnt ungefähr zu der Zeit – oder kurz nachdem – die amerikanischen Streitkräfte den größten Teil ihrer Truppen aus Europa abgezogen haben
- Während des Dritten Weltkriegs kann man sich nicht auf die USA verlassen, nur auf die Chinesen
- Russland wird wieder von einem autoritären roten Regime regiert. Sie werden dem Westen ihre »friedliche Koexistenz« versichern, und viele Westeuropäer werden sich davon blenden lassen.

Aber wie gesagt, ich möchte hier nur ein paar Auszüge bringen. Den detaillierten Verlauf des eigentlichen Dritten Weltkrieges bis zum Anbruch des goldenen Zeitalters finden Sie auf der oben genannten Website. Oder Sie legen sich das Buch des Sehers zu (Da *»Vision 2004«* inzwischen vergriffen und nicht neu aufgelegt wurde, werden gebrauchte Exemplare bei Amazon aktuell allerdings für bis zu 200 Euro angeboten). Abschließend sei erwähnt, dass das Szenario Gottfried von Werdenbergs das einzige mir bekannte Szenario ist, das extrem viele Einzelheiten aufweist.

Und noch etwas: Was den Zeitpunkt der möglichen Zerstörung New Yorks betrifft – ich hatte das mögliche Datum 5. Mai 2022 natürlich mit einem Fragezeichen versehen. Wie ich überhaupt auf dieses Datum gekommen bin, möchte ich Ihnen im Folgenden erläutern.

In dem Buch »*Der Vorbote*« von **Jonathan Cahn** las ich etwas, was ich bis dahin selbst nicht gewusst hatte. Bisher hatte ich nämlich geglaubt, dass die USA im Jahre 1776 gegründet worden seien. Tatsächlich wurden die USA aber erst dreizehn Jahre später gegründet, nämlich am 30. April 1789. Und zwar in New York City, konkret: in der St. Pauls Chapel, direkt neben dem heutigen Ground Zero.

So wie es zwei Schöpfungsordnungen gibt – die jüdische nach dem Gesetz und die christliche nach der Gnade –, gibt es auch zwei wichtige Kalender: Den hebräischen bzw. biblischen Kalender und den gregorianischen Kalender. Ich habe mal überprüft, auf welchen Tag die Weihe der amerikanischen Nation an Gott im biblischen Kalender fiel:

Der 30. April 1789 entsprach dem 4. Iyyar 5549.

Wenn also die große amerikanische Nation am 4. Iyyar 5549 in New York City ihren **göttlichen Segen** empfing, könnte es sein, dass das **göttliche Gericht** ebenfalls auf einen 4. Iyyar fallen wird.

Nun, niemand wünscht New York ein solches Schicksal, aber wenn wir in der Johannesapokalypse lesen, dass »Babylon« fallen wird und wenn wir darüber hinaus erkennen, dass die Beschreibung dieses »Babylon« ziemlich genau auf New York zutrifft, dann könnte man schon auf die Idee kommen, dass das Schicksal New Yorks unabwendbar ist.

Und wann könnte dieses Ereignis eintreten? Vielleicht im Shemitah-Jahr 2022?

Vielleicht.

Der 4. Iyyar 5782 wäre im gregorianischen Kalender dann der 5. Mai 2022.

Von der Republik zum Prinzipat

Wie Sie ja bereits aus unseren beiden ersten Büchern »*Der dritte Weltkrieg kommt!*« und »*Deutschlands Weg ins Licht*« erfahren haben, steht das Abendland am Vorabend der größten Revolution aller Zeiten – dem Übergang von der Republik zum Prinzipat und einem zurzeit nicht vorstellbaren Triumph der Kirche.

Wer diesen epochalen Übergang mit seinen gigantischen Umwälzungen in voller Tiefe verstehen will, kommt an dem Hauptwerk des deutschen Kulturphilosophen **Oswald Spengler** (1880 – 1936), »*Der Untergang des Abendlandes*«, nicht vorbei. Beachten Sie bitte, dass dieses Buch bereits in den Jahren 1911 bis 1921 entstand! Um es auf den Punkt zu bringen: Es geht jetzt um nicht weniger als um den Sieg des »Blutes« über das »Geld«.

Nachfolgend einige zentrale Spengler-Zitate:

- Aber ebenso titanisch ist nun der Ansturm des Geldes auf diese geistige Macht. Auch die Industrie ist noch erdverbunden wie das Bauerntum. Sie hat ihren Standort und ihre dem Boden entströmenden Quellen der Stoffe. Nur die Hochfinanz ist ganz frei, ganz ungreifbar. Die Banken und damit die Börsen haben sich seit 1789 am Kreditbedürfnis der ins Ungeheure wachsenden Industrie zur eigenen Macht entwickelt und sie wollen, wie das Geld in allen Zivilisationen, die einzige Macht sein. Das uralte Ringen zwischen erzeugender und erobernder Wirtschaft erhebt sich zu einem schweigenden Riesenkampf der Geister, der auf dem Boden der Weltstädte ausgefochten wird. Es ist der Verzweiflungskampf des technischen Denkens um seine Freiheit gegenüber dem Denken in Geld. Die Diktatur des Geldes schreitet vor und nähert sich einem natürlichen Höhepunkt, in der faustischen wie in jeder anderen Zivilisation.

- Die privaten Mächte der Wirtschaft wollen freie Bahn für ihre Eroberung großer Vermögen. Keine Gesetzgebung soll ihnen im Wege stehen. Sie wollen die Gesetze machen, in ihrem Interesse, und sie bedienen sich dazu ihres selbst geschaffenen Werkzeugs, der Demokratie, der bezahlten Partei.
- Und nun geschieht etwas, das nur begreifen kann, wer in das Wesen des Geldes eingedrungen ist. Wäre es etwas Greifbares, so wäre sein Dasein ewig; da es aber eine Form des Denkens ist, so erlischt es, sobald es die Wirtschaftswelt zu Ende gedacht hat, und zwar an Mangel an Stoff.
- Aber damit steht das Geld am Ende seiner Erfolge, und der letzte Kampf beginnt, in welchem die Zivilisation ihre abschließende Form erhält: der zwischen Geld und Blut. Die Heraufkunft des Cäsarismus bricht die Diktatur des Geldes und ihrer politischen Waffe, der Demokratie. Nach einem langen Triumph der weltstädtischen Wirtschaft und ihrer Interessen über die politische Gestaltungskraft erweist sich die politische Seite des Lebens doch als stärker.
- Eine Macht lässt sich nur durch eine andere stürzen, nicht durch ein Prinzip, und es gibt dem Geld gegenüber keine andere. Das Geld wird nur vom Blut überwältigt und aufgehoben.

Spengler war natürlich kein Hellseher, aber er hatte mehrere bereits untergegangene Kulturen untersucht, ihr morphologisches »Relief« miteinander verglichen und dabei mehr oder weniger intuitiv erkannt, dass allen Kulturen eine ähnliche Morphologie zugrunde liegt. Da auch unsere abendländisch-faustische Kultur (nach Spengler) bislang die gleichen Phasen durchlief wie die bereits untergegangenen Kulturen und Hochzivilisationen, wollte er auf Basis des Verlaufs der bereits untergegangenen Kulturen die Zukunft unseres Abendlandes prognostizieren.

Nach Spengler ist das sich seinem Ende zuneigende Zeitalter des Geldes gleichzeitig das Zeitalter der großen imperialen Kriege.

Während dieser Übergangszeit werden wir es ganz wesentlich mit **drei Protagonisten** zu tun haben:

- **Strenger Herrscher**
- **Bauernkaiser**
- **Großer Monarch.**

Über den **strengen Herrscher** hat uns Maria S. bereits alles Wesentliche gesagt. Er ist der Mann, »**der auf Angela Merkel folgt.**« Er wird »**viele kriminelle Ausländer abschieben**«, aber er wird die Flutung Deutschlands mit »**sechs Millionen Asylanten**« nicht verhindern können. Er wird uns durch die Erhöhung von Steuern und Abgaben »**richtig abziehen**«. Falls in seine Regierungszeit die Revolution fallen sollte, wäre er vermutlich auch der letzte Kanzler der Bundesrepublik Deutschland. Hundertprozentig sicher können wir uns aber nicht sein, denn es gibt Prophezeiungen, wonach kurz vor dem Russenangriff die »radikale Linke« in ganz Europa an die Macht kommt.

Was die Zukunft von **Angela Merkel** betrifft: Sie wird sich ins Privatleben zurückziehen und nicht etwa – wie manche schon spekulieren – einen Posten bei der UNO annehmen.

Da Maria den Russenüberfall und die Dreitägige Finsternis bekanntlich für das Jahr 2022 vorausgesagt hat, fragte ich sie Anfang November 2015: »Dann können wir uns also für das Jahr 2023 schon mal auf den Kaiser einstellen?« Darauf sie: »**Du meinst wohl 2033.**« Ich fragte, warum das denn so lange dauern würde. Daraufhin hielt sie mir einen kurzen, aber eindrucksvollen Vortrag, wie ich mir Deutschland nach dem Krieg und der Dreitägigen Finsternis vorzustellen hätte. Es würde dann zwar durchaus so etwas wie eine Regierung geben, aber nichts, was man als Monarchie im herkömmlichen Sinne bezeichnen könnte. Weite Teile Deutschlands wären zerstört und entvölkert. Und für den Wiederaufbau und die Wiederbesiedelung wären dann wohl mindestens zehn Jahre zu veranschlagen.

Da muss ich ihr leider recht geben. In der warmen Stube vorm Computer kann man sich einfach nicht vorstellen, was der Dritte Weltkrieg und die Dreitägige Finsternis aus der Welt machen werden: Die Menschheit wird regelrecht aus den Angeln gehoben werden.

Der Paradigmenwechsel, der uns nach der Dreitägigen Finsternis erwartet, wird so radikal sein, dass er das Vorstellungsvermögen des heutigen Menschen schlichtweg übersteigt. Das Kommende ist für die meisten Menschen einfach zu groß, als dass sie dem Prophezeiten auch nur einen Hauch von Glauben schenken könnten.

Im »**Lindenlied**« heißt es deshalb auch, dass die Hälfte der Überlebenden nach dem großen Abräumen den Verstand verloren hat:

»Zählst du alle Menschen auf der Welt,
wirst du finden, dass ein Drittel fehlt,
Was noch übrig, schau in jedes Land,
Hat zur Hälft' verloren den Verstand.«

Auch wenn das erste Jahrzehnt nach dem großen Abräumen bestimmt nicht leicht wird, können wir davon ausgehen, dass sich die neue Ordnung in Europa ab dem Jahr 2033 eingespielt haben wird. Es wird danach nur noch aufwärts gehen. Vor allem für Deutschland. Deutschland wird dann wirklich frei sein und kann sich dann natürlich auch entsprechend seinem eigentlichen Wesen entfalten.

Jetzt wissen wir zwar, dass es in Deutschland frühestens im Jahre 2033 eine Staatsform geben wird, die man ungefähr als Monarchie bezeichnen könnte, aber wer dann unser Monarch wird, wissen wir natürlich nicht.

Die Prophezeiungen sprechen interessanterweise von **zwei Kaisern**, die wir nicht verwechseln dürfen:

Da ist zunächst einmal der **Bauernkaiser**, der ungefähr zurzeit des Russenangriffs (oder kurz danach) vom geflohenen Papst im Kölner Dom gekrönt wird. Und da ist andererseits der **Große Monarch**, der erst *nach* dem Bauernkaiser zum Zuge kommt. Und dieser Große Monarch wird dann wahrscheinlich im Aachener Dom gekrönt.

Über den **Bauernkaiser** wissen wir nur wenig. Der sog. »**Spielbähn**« (Bernhard Rembort, 1689) sagte: »*Das deutsche Reich wird sich einen Bauern zum Kaiser wählen. Der wird ein Jahr und einen Tag Deutschland regieren. Der nun die Kaiserkrone nach ihm trägt, das wird der Mann sein, auf den die Welt lange gehofft hat. Er wird römischer Kaiser heißen und der Menschheit den Frieden geben.*« (Großer Monarch).

Ob die Aussage »*ein Jahr und einen Tag*« wortwörtlich oder nur symbolisch zu verstehen ist, wissen wir nicht. Aber wenn Maria S. sagt, dass die »**richtige Monarchie frühestens im Jahre 2033**« kommt, können wir daraus schließen, dass der Bauernkaiser mindestens zehn Jahre lang regieren wird. Aus der Umschreibung dieses Kaisers als »*Bauer*« können wir folgern, dass er entweder tatsächlich einem großen Bauerngeschlecht entstammt oder dass damit nur deutlich gemacht werden soll, dass es sich um einen nichtadeligen Imperator handelt, der also keinem der großen Herrscherhäuser entstammt. Er ist vermutlich jemand, dessen vordringliche Aufgabe darin besteht, die Ordnung wiederherzustellen. Er wäre dann im Grunde nur der Wegbereiter für den Großen Monarchen.

Der Bauernkaiser wird natürlich »streng herrschen« – allerdings in einem anderen Sinne als sein Vorgänger, unser nächster Bundeskanzler, den Maria S. ja explizit einen »strengen Herrscher« genannt hat.

In meiner Familie machte die Prophezeiung vom Bauernkaiser schon vor Jahrzehnten die Runde. »*Tanz und Lustbarkeit (Ver-*

gnügungen aller Art) wird er verbieten«, hieß es da. Da der Bauernkaiser den Dritten Weltkrieg und die Dreitägige Finsternis zuvor selbst miterlebt hat, wird er verstanden haben, dass das nichts weiter als ein Gottesgericht war. Demzufolge wird er seine Untertanen zu Buße und Umkehr anleiten.

Clubs, die nachts geöffnet haben und die Jugendlichen am Sonntagmorgen daran hindern, in die hl. Messe zu gehen, weil sie dann noch im Bett liegen, wird es unter seiner Herrschaft mit absoluter Sicherheit nicht geben. Aber sobald eine gewisse Stabilisierung der Gesamtsituation eingetreten ist, werden die Jugendlichen am Sonntagnachmittag bestimmt wieder ein Tanzlokal aufsuchen dürfen.

Ansonsten gehe ich davon aus, dass uns der Bauernkaiser sehr viele Freiheiten lassen wird – natürlich nur innerhalb der von der Kirche gebotenen Grenzen. Das gilt möglicherweise auch für die Mitwirkung am neuen **Währungssystem**. Da wir uns im Jahre 2023 in jeglicher Hinsicht wieder im Jahre 1800 befinden werden (vielleicht auch noch weiter zurück; Stichwort: Drei-Stände-Ordnung), bin ich der Auffassung, dass wir uns im Hinblick auf die Benennung unserer neuen Währung auch terminologisch wieder dem Bewährten zuwenden sollten. Sprich: Nach dem Zusammenbruch des globalen Finanz- und Währungssystems und der Wiedereinführung des **Goldstandards** möchte ich nicht zur »Mark« zurück, sondern wieder zu **Taler und Kreuzer** (Die USA können nach ihrem Zusammenbruch und der nachfolgenden Neugestaltung des Weltwährungssystems den Namen ihrer dann ebenfalls reformierten Währung beibehalten, schließlich leitet sich das Wort »Dollar« ohnehin vom deutschen Taler her).

Aktuell (4. März 2016) beträgt das Verhältnis zwischen dem Gold- und Silberwert 1:81, das heißt, für eine Unze Gold müssen wir rund 81 Unzen Silber hinlegen.

Dieses Verhältnis könnte sich aber nach einer substantiellen Neubewertung des Silbers dramatisch ändern. Es gibt sogar Stimmen, die für die Zukunft ein Verhältnis von 1:12 prognostizieren. Des Weiteren wissen wir, dass der Wert beider Edelmetalle noch dramatisch ansteigen wird. In diesem Zusammenhang weise ich darauf hin, dass Maria S. mir im Dezember 2015 sagte: »**Gold hat seinen Tiefststand nun erreicht. Ab jetzt wird es nur noch steigen.**«

Wie Sie unserem ersten Buch entnehmen konnten, sah Maria S. für das Jahr 2017 interessanterweise keinen Goldchart. Deshalb wäre ein Einbrechen des Goldpreises in jenem Jahr natürlich durchaus möglich.

Unterstellen wir mal, dass die Stimmen, die eine rasante Wertsteigerung beim Silber prognostizieren, recht bekommen werden.

Die künftige Stückelung stelle ich mir dann wie folgt vor:

1 Unze Gold (31,1 Gramm) = 12 Goldtaler
1 Goldtaler = 12 Silbertaler
1 Silbertaler = 6 Kreuzer

Ich verlasse hier also das Dezimalsystem. Warum ich von der Zehner-Stückelung wieder auf die Sechser- und Zwölfer-Stückelung zurück möchte, hat seinen Grund in der kosmischen Ordnung. Ein Jahr besteht ja auch nicht aus zehn Monaten, sondern aus zwölf. Und der Tag hat vierundzwanzig Stunden und nicht zehn oder zwanzig. Und die Stunde besteht aus sechzig Minuten und nicht aus hundert.

Unter der Annahme, dass der Wert einer Unze Gold auf 10.368 Euro und der Wert einer Unze Silber auf 864 Euro steigt (bitte nur als Beispiel betrachten), ergeben sich die folgenden Zahlen:

1 Kreuzer = 12 Euro
1 Silbertaler = 72 Euro

1 Goldtaler = 864 Euro
1 Unze Gold = 10.368 Euro

Den Kreuzer könnte man natürlich noch weiter unterteilen, z.B. in einen halben oder Viertelkreuzer.

Aber das ist vorerst nebensächlich. Es kommt mir vielmehr darauf an, schon mal ein Gefühl für das neue System zu bekommen. Ein normaler Arbeiter würde dann einen Monatslohn von einem Goldtaler (= 12 Silbertaler) und einen Jahreslohn von einer Unze Gold beziehen.

Wenn ich oben schrieb, dass wir gemäß unseren Sehern nach der Dreitägigen Finsternis ungefähr auf das Jahr 1800 zurückgefallen sind, dann müssen wir uns aber auch im Klaren darüber sein, was das heißt: Außer Landwirtschaft und Handwerk werden die Überlebenden nichts betreiben können. Sie sind dann zwar vollkommen frei und glücklich, aber dieses Glück bedeutet auch: keine Elektrizität, kein Gas, kein Öl, keine Industrie, kein Fernsehen, kein Rundfunk, kein Handy, keine Zeitungen und keine Autos. Es gibt dann auch keine Gewerkschaften und auch kein Rentensystem mehr, aber dafür in jedem Haus viele lachende Kinder und nur minimale Steuern. Wie wir Ihnen in unserem ersten Buch bereits mitgeteilt haben, wird der Staat auf fünf Prozent seiner jetzigen Größe zusammengestaucht. Dabei ist uns vollkommen klar, dass Sie uns diese Aussage nicht abkaufen werden. Macht aber nichts – lassen Sie sich doch einfach mal überraschen.

Ich habe lange Zeit geglaubt, dass **Karl von Habsburg** derjenige ist, der demnächst den deutschen Kaiserthron besteigen wird. Aber er ist ja kein Bürgerlicher, scheidet als Kandidat also definitiv aus, und als ich Maria ein Foto von Karl von Habsburg zeigte, verneinte sie diese Möglichkeit auch sofort: »**Hundertprozentig nicht!**«

Der Große Monarch kann er ebenfalls nicht sein, denn Karl von Habsburg (Jahrgang 1961) wäre im Jahre 2033 zweiundsiebzig Jahre alt. Und über den Großen Monarchen wird ja gesagt, dass er bei seiner Thronbesteigung noch relativ jung ist. Dann zeigte ich Maria ein Foto seines Sohnes, **Ferdinand Zvonimir von Habsburg**. Maria betrachtete das Foto eine Zeitlang, dann sagte sie: »**Der** *könnte* **es werden.**« Ferdinand ist Jahrgang 1997. Im Jahre 2033 wäre er sechsunddreißig Jahre alt. Das ideale Alter also, um den Thron zu besteigen.

Der Große Monarch

Es gibt wohl keine Figur der europäischen Prophezeiungsliteratur, um die sich so viele Mythen ranken wie um den **Großen Monarchen.**

Beim Googlen stieß ich zunächst auf die Seite *monarchieliga.de* Über die Suchfunktion kommt man zum Großen Monarchen.

Nun, Papier – oder in diesem Falle eine Website – ist zwar geduldig, aber zwei Aussagen, die dort im Zusammenhang mit dem Großen Monarchen getätigt werden, sind schon bemerkenswert:

- Er wird mit dem Klerus sehr streng verfahren
- Vor oder nach seinem Erscheinen werden die Russen in Deutschland einfallen und die Rache Gottes ausüben für den **Glaubensabfall** und die **Frevel des Protestantismus.**

Der Einfall der Russen wird also als »*Rache Gottes*« bezeichnet.

Diese Formulierung erinnert uns sehr stark an den angeblichen Inhalt des **dritten Geheimnisses von Fatima.**

Gestatten Sie mir deshalb zunächst einen kleinen Exkurs zu Fatima:

Alle drei Geheimnisse von Fatima, von denen zwei veröffentlicht und das dritte höchstwahrscheinlich nur zum Teil veröffentlicht wurde, stammen aus dem Jahre 1917. Aufgeschrieben hat **Schwester Lucia** die beiden ersten Geheimnisse allerdings erst 1941 und das dritte Geheimnis sogar erst 1944.

Da wir aufgrund der Andeutungen einiger hoher kirchlicher Würdenträger (z.B. Malachi Martin) vermuten, dass das dritte

Geheimnis dermaßen brisant ist, dass bislang noch jeder Papst die vollumfängliche Veröffentlichung ablehnte, darf sogar darüber spekuliert werden, ob die Person, die uns die Marienbotschaften überbrachte, nicht bereits vor vielen Jahren ausgetauscht wurde.

Über diesen Austausch der echten Schwester Lucia durch ein Plagiat wird z.B. auf dieser Seite spekuliert:

https://wegwahrheitleben.wordpress.com/2010/10/13/die-geheimnisse-von-fatima-iii/

Ich habe mir die Fotos auf dieser Website in Ruhe angeschaut und bin ebenfalls zu dem Schluss gekommen, dass es sich **definitiv** um **zwei verschiedene Personen** handelt.

Pater Augustin Fuentes führte am 26. Dezember 1957 ein langes Interview mit der echten Schwester Lucia. Dieses Interview wurde mit Approbation des Bischofs von Fatima im Jahre 1958 veröffentlicht. Auszug: »*Die Gottesmutter ist sehr traurig, da niemand ihre Botschaft beachtet. Eine schreckliche Strafe Gottes wird über die Menschheit hereinbrechen als Resultat der Nichtbeachtung der Wünsche der Gottesmutter.* **Russland wird das Instrument der Strafe sein,** *solange seine Weihe an das Unbefleckte Herz Mariens nicht vollzogen ist. Der entscheidende Kampf zwischen Maria und Satan ist dabei zu entbrennen. Satan hat es besonders auf Priester und andere gottgeweihte Seelen abgesehen, da dies Gott am meisten beleidige und Satan so in kurzer Zeit die größte Anzahl an Seelen für sich gewinnen könne.*« Schwester Lucia mahnt eindringlich zur sofortigen Abkehr von allen Sünden, da wir in den letzten Zeiten leben und es außer dem Rosenkranz und der Andacht zum Unbefleckten Herzen Mariens, wie in der Botschaft von Fatima vorgestellt, kein Mittel zur Rettung von Seiten Gottes mehr geben wird.

Im Jahre 1958 zweifelte niemand an der Echtheit dieses Interviews. Doch schon am 2. Juli 1959 wurde dieses Interview in einem anonymen Report aus der bischöflichen Kanzlei von Coimbra als betrügerisch gebrandmarkt. Ab dem Jahre 1960 durfte Schwester Lucia keine Besuche mehr empfangen (ausgenommen enge Verwandte, und auch diese nur hinter einem kleinen Gitterfenster). Am 13. Mai 1967 stellte Papst Paul VI. bei seinem Besuch in Fatima »Schwester Lucia« nach der Messe den Pilgern vor. Leider hatte diese »Schwester Lucia« keinerlei Ähnlichkeit mehr mit der im Jahre 1960 Verschwundenen – weder von ihrem äußeren Erscheinungsbild her noch von ihrem Wesen. Während sich die echte Schwester Lucia durch *Ernsthaftigkeit und Zurückhaltung* auszeichnete, zeigte das Plagiat Wesenszüge, die bei der echten Lucia *unvorstellbar* gewesen wären (Quelle: die o.g. Website).

Fazit: Zwischen 1960 und 1967 muss ein Austausch der beiden »Schwestern« stattgefunden haben.

Im August 2015 fragte ich Maria S. nach dem Inhalt des dritten Geheimnisses. Sie sagte: »**Im dritten Geheimnis geht es um den Untergang der Zivilisation.**« Dann fragte ich sie nach dem Schicksal von Schwester Lucia. Ihre Antwort: »**Schwester Lucia wurde weggeschafft.**« »Hat man sie umgebracht?«, wollte ich wissen. Antwort: »Das musst du nicht wissen.«

In den letzten Jahren gab es eine Flut von sogenannten Marienbotschaften. Was deren Authentizität betrifft, hegen viele Menschen die größten Zweifel. Wer die Heilige Schrift kennt, weiß, dass Maria keine langatmigen Reden hält. Sie steht stets hinter ihrem göttlichen Sohn zurück. Und wenn sie überhaupt mal etwas sagt, fasst sie sich immer kurz: »*Was er euch sagt, das tut.*« (Dass die Zurückhaltung Mariens, die sie bei der ersten Ankunft ihres Sohnes gezeigt hat, kurz vor der zweiten Ankunft ihres Sohnes abgelegt wird, erfahren Sie im letzten Kapitel dieses Buches: *Das Zeitalter Mariens*). Und die wenigen Personen, die seinerzeit den versiegelten Umschlag mit dem von Schwester Lucia aufgeschriebenen dritten Geheimnis gegen das Licht gehalten haben, berichteten übereinstimmend, dass dieser Zettel nur ganz wenige Zeilen enthielt. Ich erinnere mich nicht mehr genau, wo ich das gelesen habe, aber ich meine, es seien nur neun Briefzeilen gewesen.

Viel gewichtiger ist allerdings das, was **Papst Johannes Paul II.** im Jahre 1980 zu deutschen Pilgern sagte, als er auf das dritte Geheimnis angesprochen wurde:

»Wegen des schweren Inhalts und um die kommunistische Weltmacht nicht zu gewissen Handlungen zu animieren, zogen meine Vorgänger im Petrusamt eine diplomatische Abfassung vor. Außerdem sollte es ja jedem Christen genügen, wenn er folgendes weiß: Wenn zu lesen steht, dass Ozeane ganze Erdteile überschwemmen, dass Menschen von einer Minute auf die andere abberufen werden und das zu Millionen, dann sollte man sich wirklich nicht mehr nach der Veröffentlichung dieses Geheimnisses sehnen. Viele wollen es nur aus Neugierde und Sensationslust wissen, vergessen aber, dass Wissen auch Verantwortung bedeutet. So bemühen sie sich nur, ihre Neugierde zu befriedigen. Das ist gefährlich, wenn man gleichzeitig nichts tun will gegen das Übel.«

Bevor wir uns gleich wieder dem Mythos um die Person des Großen Monarchen zuwenden, widmen wir uns kurz noch mal Oswald Spenglers »Morphologie der Weltgeschichte«:

Die letzte untergegangene Hochkultur bzw. Hochzivilisation war bekanntlich das Weltreich Rom. Die römische Geschichte weist bei ihrem Wandel der Herrschaftsform das folgende Relief auf:

- Königsherrschaft (753 v. Chr. bis 509 v. Chr.)
- Republik (509 v. Chr. bis 27 v. Chr.)
- Kaisertum (Prinzipat ab 27 v. Chr.)

Uns interessiert hier nur die Phase »Republik«. Der Untergang der römischen Republik erfolgte infolge der Bürgerkriege ab 133 v. Chr. Aus den Prophezeiungen der Maria S. wissen wir, dass die europäischen Bürgerkriege ab 2020/2022 den Untergang der europäischen Republiken und des Sozialismus von heute bewirken werden.

Dass dieser Untergang um Größenordnungen grausamer verlaufen wird, als es sich die Menschen augenblicklich vorstellen können, wissen wir auch aus anderen Prophezeiungen: *»Niemand ist auf die Katastrophe vorbereitet. Weder der Staat noch der Einzelne … Am Schluss werden sich die Maßnahmen überstürzen – zu spät«* (**Erna Stieglitz**). *»Der Hunger treibt die Städter aufs Land. Sie wollen den Bauern das Vieh nehmen, dann muss sich der Bauer fest auf sein Sach setzen, sonst stehlen sie ihm das Hemd unterm Hintern weg«* (**Alois Irlmaier**). *»Nagender Hunger hält reiche Ernte und Kannibalenhorden morden und plündern«* (**Garcilaso de la Vega**).

Der römische Herrscher während des Übergangs von der Republik zum Prinzipat war bekanntlich **Gaius Iulius Caesar**. Der erste *echte* römische Kaiser war dann Caesars Großneffe und Nachfolger **Gaius Octavius**, genannt **Augustus**.

Geschichte wiederholt sich zwar nicht im Detail, aber Spengler war der Überzeugung, dass sie sich zumindest im morphologischen Sinne wiederholt. Man kann es nicht auf ein Jahrzehnt genau bestimmen, aber im Vergleich mit Rom befindet sich das Abendland morphologisch aktuell ungefähr in der Zeit zwischen 130 v. Chr. und 50 v. Chr. Beim morphologischen Vergleich der Geschichte Roms mit der Geschichte des Abendlandes könnte man deshalb wie folgt spekulieren:

Caesar ~ Bauernkaiser (ab 2023)
Augustus ~ Großer Monarch (ab 2033)

Wir wollen unsere Spekulationen nicht auf die Spitze treiben, aber da wir wissen, dass unser Universum von einer wunderbaren Ordnung durchwoben ist, wäre es theoretisch möglich, dass Christi zweite Ankunft in Herrlichkeit just zur Zeit der Herrschaft des Großen Monarchen erfolgt, so wie seine erste Ankunft zur Zeit der Herrschaft des Kaisers Augustus erfolgte. Dass dies aber doch erst sehr viel später geschieht, werden wir dann in dem Kapitel über **Bartholomäus Holzhauser** und seiner Prophezeiung über die »*sieben Zeitalter der Kirche*« erfahren.

Eine Sonderrolle innerhalb der Geschichte des Abendlandes nimmt Napoleon Bonaparte ein. Noch als General der Revolutionstruppen träumte er von der »Universalen Republik«. Aber bereits als Erster Konsul der Französischen Republik hatte er die Schwächen der republikanischen Staatsform erkannt. Und so krönte er sich im Jahre 1804 selbst zum Kaiser der Franzosen. Dass er den bei der Krönung anwesenden Papst Pius VII. überrumpelte, indem er ihm einfach die Krone aus der Hand nahm und sich dann selbst krönte, wollen wir nicht überbewerten. Napoleon war durchaus gottesfürchtig, aber er hielt sich eben an sein persönliches Motto: »Ein Bonaparte kniet nur vor Gott, niemals vor einem Menschen«. Aber wie das regelmäßig ausgeht, sobald sich ein weltlicher Herrscher über den Statthalter Jesu Christi stellen will, können wir an seinem Beispiel gut ablesen. Der »**Spielbähn**« (Bernhard Rembort, 1689) hatte demzufolge Napoleons Schicksal auch wie folgt prophezeit: »*Gleichwohl folgt ihm die Rache auf dem Fuße. Denn er wird sterben als ein geschlagener Mann, der keinen Freund mehr hat, und ist verbannt und verlassen im weiten Meere*«.

Nun zum eigentlichen prophetischen Material über den **Großen Monarchen**:

»*Aus dem Blute der Trojaner wird das deutsche Herz geboren werden, das zu sehr hoher Macht aufsteigen wird. Hinausjagen wird er den fremden Araber und die christliche Kirche zu ihrer früheren Herrschaft zurückführen*« (**Nostradamus**).

Ferdinand Zvonimir Habsburg-Lothringen hätte im Jahre 2033 zwar das ideale Krönungsalter von sechsunddreißig Jahren, aber wenn man seinen Stammbaum auf Wikipedia überprüft, stellt man leicht fest, dass die Bezeichnung »*aus dem Blute der Trojaner*« auf ihn nicht zutrifft. Folglich wäre der Große Monarch noch ein vollkommen Unbekannter.

»Jener wird den Namen erhalten Salvator mundi, Retter der Welt. Deutschland wird unter ihm reichen, soweit deutsche Sprache, Sitte in Europa reicht. Belgien und die Niederlande, die Schweiz, Tirol, Deutsch-Österreich werden sich aus freien Stücken Deutschland anschließen. Polen wird wieder groß und mächtig hergestellt. Die deutschen Ostseeprovinzen werden von Russland abgetrennt werden. Russland wird klein, Deutschland wird groß. Polen, die Lombardei mit ihren alten Freistädten und Ungarn werden Vorländer von Deutschland werden. Und so groß wird die Achtung vor den Deutschen auf der Welt sein, dass keiner mehr von einem fremden Volke einem Deutschen nur ein Haar zu krümmen wagt. Jene große Achtung aber wird der Deutsche seiner Verfassung verdanken. Denn der Größte im Felde wird jener junge, von Gott gesandte Held, doch noch größer im Frieden sein. Seine Verfassung, die er dem deutschen Volke gibt, wird ein wunderbares Gemisch von Volksvertretern und Königtum sein ... Als ein vollständig freier Völkerbund im Innern, mit allen nur denkbar zulässigen Freiheiten und Erleichterungen ausgestattet, während die deutschen Volksstämme nach außen als fest gegliedertes, eng geschlossenes Ganzes dastehen, an dessen Panzerleib sich keiner wagt« (**Sibyllische Bücher**).

Ein sehr interessantes Kapitel über den Großen Monarchen fand ich in dem Buch von **Voldben**, »*Die großen Weissagungen über die Zukunft der Menschheit*«:

»*Der Große Monarch wird den* **Orden der Kreuzträger** *gründen. Diese werden ein Heer bilden, dessen wirksame Mittel Waffen, Gebet und Gastfreundschaft sind.*«

Und weiter: »*Gott wird über einen armen Mann vom Blute Konstantins kommen ... der das Zeichen des Kreuzes auf der Brust tragen wird ... Dieser Mann wird in seiner Kindheit und Jugend fast heilig sein, als junger Mann ein Sünder, der sich dann bekehren und wieder heilig werden wird. Er wird zur Erde geworfen werden wie es Paulus geschehen ist«*, schreibt **Franz von Paola** (1507) und fügt hinzu: *»Er wird der Gründer der Kreuzträger sein. Der Große Monarch und die Kreuzträger werden die ganze Welt beherrschen. Die Kirche wird er mit seinen Anhängern reformieren, die die besten Männer in Heiligkeit, Waffenkunst und Gelehrsamkeit sein werden.«*

Voldben: »Abgesehen vom Kreuz auf der Brust sind die Methoden dieser Kreuzträger wenigstens anfänglich nicht gerade christlich. **Franz von Paola** schreibt denn auch dazu, dass sie die ganze mohammedanische Sekte und alle Ungläubigen vernichten werden.«

Franz von Paola: *»Sie werden ein ungeheures Gemetzel anrichten und man wird das Blut derer, die gegen Gott aufstehen, Flüsse und Seen bilden sehen.«* Und weiter: *»Sie werden das Zeichen des lebendigen Gottes auf der Brust, aber mehr noch im Herzen tragen.«*

Das Bild, das sich mir beim Lesen dieser Zeilen aufdrängt, ist das folgende: Der Mann, der um das Jahr 2033 als Großer Monarch inthronisiert wird, wird bereits in dem davor liegenden Jahrzehnt (also im Schatten des Bauernkaisers) zusammen mit seiner katholischen Elitetruppe »Die Kreuzträger« einen erbarmungslosen Vernichtungsfeldzug gegen die Feinde Gottes führen. Sobald er die Macht übernommen hat, wird er aber mit Großmut und Liberalität herrschen. Seine Reiche werden weltoffene Reiche sein – allerdings nicht im heutigen selbstzerstörerischen Sinne. Theoretisch könnten sie jährlich auch soundso viele muslimische Zuwanderer verkraften, aber aus den Prophezeiungen wissen wir ja, dass der Große Monarch die göttliche Ordnung vollständig wiederherstellen und deshalb sehr wahrscheinlich auch peinlich genau darauf achten wird, dass das Gros seiner Untertanen römisch-katholisch ist. Zumindest wird er alles dafür tun, dass jeder seiner Untertanen das volle Licht des katholischen Glaubens erhält. Mit größter Hochachtung wird er auch Umgang pflegen mit den Juden, unseren älteren Brüdern im Glauben, und mit der russisch-orthodoxen Kirche, der zentralen Macht im neuen slawischen Großreich.

Auch den Begriff der **Religionsfreiheit** wird er wahrscheinlich präziser auslegen, als das heute der Fall ist. Religionsfreiheit heißt zu allererst, dass niemand daran gehindert werden darf, katholisch zu werden. »*Die Christen haben die soziale Verpflichtung, in jedem Menschen die Liebe zum Wahren und Guten zu achten und zu wecken. Dies verlangt von ihnen, die einzig wahre Religion, die in der katholischen und apostolischen Kirche verwirklicht ist, zu verbreiten*« (Katechismus der katholischen Kirche, 2105). Religionsfreiheit heißt *nicht*, dass man glauben kann, was man will. »*Das Recht auf Religionsfreiheit bedeutet weder die moralische Erlaubnis, einem Irrtum anzuhängen, noch ein angebliches Recht auf Irrtum ...*« (Katechismus der katholischen Kirche, 2108).

Voldben hat in seinem Buch »*Die großen Weissagungen über die Zukunft der Menschheit*« übrigens noch weiteres Material über den Großen Monarchen zusammengetragen.

Hl. Birgitta: »*Er wird allen Menschen den Gebrauch von Waffen untersagen: Die Menschen werden Gott erkennen, den Einen und Dreieinigen, und es wird eine Herde und ein Hirt sein ... Der Große Monarch wird von Gott gesandt werden, um die Republiken auszurotten ... Er wird der Erde den wahren Frieden bringen ...*«

Voldben weiter: Gemäß **Nostradamus** »*Cent. I, 50 wird der Große Monarch in Italien zur Welt kommen und über die Orientalen und ihre Lehren wie ein verheerender Sturmwind herbrausen. Bei seinem Erscheinen werden alle Sekten verschwinden.*«

Hl. Hildegard: »*Sieben Jahre, nachdem die barbarischen Völkerschaften des Nordens die Stadt Jaffa eingenommen haben, werden sie vom Großen Monarchen und einem Fürsten der himmlischen Miliz in alle Winde zerstreut werden.*«

Kapuzinerpater (1779): »*Er wird den Türken und die Häresien vernichten und den Kaiser des Nordens besiegen.*«

Merlin (1640): »*Vor dem Antichrist wird sich in Italien ein Mann erheben, so stark, dass er sich mit Samson messen könnte. Er wird aus Italien stammen ... und adeligen Geschlechtes sein. Dieser, der Liebling Gottes, wird die Lombardei aus der Sklaverei befreien und Italien von seinem Martyrium erlösen. Vom Heiligen Papst und auch von der Vereinigung entsandt, wird er mit seinen Seeleuten nach Griechenland fahren und dort viele Städte zerstören.*«

Die sieben Zeitalter der Kirche

Bei meiner Analyse uralter Prophezeiungen kristallisierte sich immer das gleiche Muster heraus: Die Seher sprachen von kolossalen gesellschaftlichen Umwälzungen und den furchtbarsten Strafgerichten des Himmels. Überaus Bedeutendes wurde dabei für unser Vaterland prophezeit.

In dem Buch »*Das Buch der Wahr- und Weissagungen, fünfte verbesserte Auflage von Wilhelm Clericus, mit kirchlicher Druckgenehmigung, Regensburg 1920, Verlagsanstalt G. J. Manz, Buch- und Kunstdruckerei A.-G., München-Regensburg*« entdeckte ich die wirklich bemerkenswerten Prophezeiungen des katholischen Priesters und Sehers **Bartholomäus Holzhauser** (1613 – 1658).

Zitat: »*In der Welt wird es Kriege geben, und der Herr wird seinen vorgefassten Zorn infolge der schrecklichen Sünden, die im ersten Gesichte unter den sieben Tieren beschrieben werden, in anderen Teilen der Erde vollziehen. Wenige werden übrig bleiben auf Erden, Reiche werden in Verwirrung geraten, Fürstentümer umgestürzt, Herrschaften erniedrigt werden, Staaten werden fallen und fast alle verarmen. Der Bluthund wird die Kirche betrüben, und auf Erden die größte Drangsal und alle Art Verwirrung herrschen.*«

All dies soll auf einmal und auf der ganzen Erde zugleich geschehen!

»*Und indem ich überaus zitterte und staunte, sah ich, wie die ganze Welt im Unglauben schwamm, und wie die ganze Erde, von ihrem Bräutigam abgewendet, sich fremder Buhlschaft ergab, so dass allem Fleische Buße zu predigen war.*«

Und weiter: »*Nach diesem sah ich am neunten Tage des Monats April einen **Sturmwind** von Westen kommen, und siehe, die Gewässer, wel-*

*che in der Donau waren, erhoben sich und traten aus. Dieselben stiegen in die Höhe, drangen in die Stadt ein und verwandelten dieselbe fast in eine Wüste. Und ich erblickte einen **König in seinem Diadem** und eine **überaus große Menge**. Dann schaute ich gleichsam den Frieden, und alle Menschen meinten, es sei Friede und Sieg. Und siehe, ich erblickte eine lange Kette von Sprachen und Völkern und von Feinden des Kreuzes Jesu Christi. Sie aber hatten diese Kette wider das Haus Gottes und wider das Haus seines Großen verfertigt. Und niemand hat es geglaubt. Und sie sind gekommen, haben vielfach gesiegt, die festesten Städte erobert, Glück in ihren Unternehmungen gehabt und die Oberhand erhalten. Und man hielt gleichsam dafür, dass es aus sei mit dem Reiche. Aber dennoch behielten sie die Oberhand nicht. Denn **Jesus besiegte sie**, damit alle erkennen möchten, dass Macht und Kraft, Sieg und Herrschaft vom Herrn sei. Die Menschen aber setzten ihr Vertrauen auf ihre Waffen, ihre Ratschläge, ihre Reiter, ihre Heere. Aber der Herr allein war es, der ihnen Sieg verlieh und seinen Kampf durch seinen **gerechten Heerführer** kämpfte. Auch jenes Haus hat eine Sünde gesündigt. Vor den Augen deiner Krieger ist keine Furcht des Herrn, spricht der Herr.«*

Ich vermute, dass hier der Endsieg über die Kommunisten und über den mit den Kommunisten möglicherweise verbündeten IS geschildert wird. Zuerst wird jeder denken, dass es »aus sei mit dem Reiche«, aber dann wird der »gerechte Heerführer«, geführt vom Herrn persönlich, über die Feinde triumphieren. Der »gerechte Heerführer« kann nur der Große Monarch sein.

Danach bricht für die Welt und für die Kirche ein Zeitalter des Friedens an: *»Nach diesem gewahrte ich Ruhe im Lande und wie die Mörder entflohen und die Feinde des Kreuzes Christi zugrunde gegangen waren. Es trat eine Stille ein, und **ein Triumphwagen fuhr gegen Westen**. Auf diesem Wagen saßen **drei Große** im Siegesgepränge. Ich sah dieselben. Der Erdkreis ruhte vom Siegesgetümmel und der Name des Herrn Jesu Christi ward auf der ganzen Erde verherrlicht.«*

Holzhauser gab dazu die folgende Erklärung ab: *»**Die drei Großen**,* *die du auf dem Triumphwagen siehst, sind die, welche das Reich in der Einigkeit erhalten werden, die in dem zweiten Gesicht durch die große Kette angedeutet wurden. Du sahst die **erste Person** auf dem Wagen mit geistlichen Kleidern angetan und mit einer Priesterkrone geschmückt ... Diese ist die **Kirche**, welche, wiederum in ihren heiligen Söhnen getröstet, über die Irrtümer ... triumphieren wird. Ferner sahest du **zwei andere**, von denen der eine gen Mitternacht und Abend, der andere nach Mittag und Morgen blickte. Diese sind es, welche, in allem Guten zusammenhaltend und aufs engste verbündet, das Reich in Einigkeit erhalten werden.«*

Die drei Großen interpretiere ich als die Kirche, den Heiligen Papst und den Großen Monarchen.

Brillant ist m. E. auch Holzhausers Erklärung der geheimen Offenbarung des heiligen Johannes. Holzhauser fasste die **Apokalypse** »*als eine geheimnisvolle Darstellung der Geschichte der Kirche Christi und der hiermit in unzertrennlichem Zusammenhange stehenden Geschichte der Welt auf.*« Demzufolge teilt er diese Geschichte in **sieben Perioden und Zeitalter** ein. Diese **sieben Zeitalter der Kirche** finden übrigens ihre Entsprechung in den **sieben Schöpfungstagen** sowie in der **Geschichte der Welt und des jüdischen Volkes**.

- Das **erste Zeitalter der Kirche** (»*Zustand der Aussaat*«) ist nur kurz und dauert bis zum Beginn der Christenverfolgung unter Nero. Symbolisch entspricht es dem ersten Schöpfungstag und dem Kindesalter der Welt von Adam bis Noach
- Das **zweite Zeitalter der Kirche** (»*Befruchtendes Zeitalter*«) dauert bis zu Konstantin dem Großen. Es entspricht dem zweiten Zeitalter der Welt von Noach bis Abraham
- Das **dritte Zeitalter der Kirche** (»*Zeitalter der Erleuchtung*«) reicht von Papst Sylvester und Konstantin dem Großen bis zu Papst Leo III. und Kaiser Karl dem Großen. Ein Vorbild dieses Zeitalters ist das dritte Weltalter von Abraham bis auf Mose und Aaron

- Das **vierte Zeitalter der Kirche** (»*Friedliches Zeitalter*«) umfasst den Zeitraum von Papst Leo III. und Kaiser Karl dem Großen bis ungefähr Papst Leo X. und Karl V., also den hervorragendsten Teil des Mittelalters. Es entspricht dem vierten Weltalter, welches von Mose bis zur Vollendung des Salomonischen Tempels währte
- Seit rund fünfhundert Jahren befinden wir uns nun im **fünften Zeitalter der Kirche**, welches unter Papst Leo X. und Kaiser Karl V. (Konzept der Universalmonarchie) begann und wahrscheinlich bis zum Heiligen Papst und dem Großen Monarchen dauern wird. Dieses Zeitalter wird von Holzhauser auch als »*Zeitalter der Trübsal*« bezeichnet, weil es sich durch zahllose Irrlehren, Bedrängnisse in politischer und sozialer Hinsicht, einer Bekämpfung des katholischen Glaubens, einer Einschränkung der Freiheit der Kirche durch die Regierungen, durch eine aufgeblähte Wissenschaft, durch Glaubenslosigkeit und einer immer weiter um sich greifenden Sittenlosigkeit auszeichnet. Dieser Zeit entspricht das fünfte Weltalter, das vom Tode Salomos bis zur babylonischen Gefangenschaft – einschließlich, also rund vierhundert Jahre – währte. Das jüdische Reich ging unter, das Volk Gottes wurde von den Heiden bedrückt und beraubt. Selbst der Tempel wurde zerstört, das Allerheiligste verwüstet und das auserwählte Volk in die Gefangenschaft geführt.

Wir befinden uns also eindeutig in der **Endphase** dieses **fünften Zeitalters der Kirche,** und ich habe inzwischen den Eindruck, dass die Political Correctness selbst vor der Kirche nicht haltmacht. Ein Priester sagte mir jüngst, dass viele in der Kirche genau wüssten, dass die unbegrenzte Aufnahme von Flüchtlingen in einer Katastrophe enden werde, aber viele Priester hätten einfach Angst vor der Political Correctness. Ich sagte ihm: »Da müssen wir jetzt durch, aber ich kann Ihnen versprechen, dass die Political Correctness gleichzeitig mit den Revolutionen in Europa und dem Sozialismus von heute untergehen wird.«

Die ersten Ausläufer der kommenden westeuropäischen Bürgerkriege sind übrigens schon zu spüren. Auf der einen Seite stehen eine durch und durch linke Politik und linke Medienhetze gegen alle liberal-konservativen Kräfte – auf der anderen Seite steht der noch intakte Instinkt der westeuropäischen Völker, die von Tag zu Tag deutlicher spüren, dass etwas nicht stimmt.

Heute wird ja praktisch alles, was göttlichem Willen entspricht, von der Politik und den Medien als »rechts« diskreditiert. Und das, was dem göttlichen Willen *wider*spricht, wird geradezu euphorisch gefeiert. Wollen wir mal nicht hoffen, dass es der Political Correctness auch noch gelingt, sogar die Kirche gegen Gottes Willen aufzubringen.

Was mir bei dieser Gelegenheit gerade einfällt: Es ist ja von mehreren Sehern prophezeit worden, dass der Papst aus Rom fliehen muss. Nach herkömmlicher Deutung sind die »Roten« dafür verantwortlich, also die Kommunisten. Aber vielleicht ist es ja auch der IS? Verglichen mit dem IS sind die Kommunisten natürlich das kleinere Übel. Der IS würde nämlich den ganzen Petersdom einfach in die Luft jagen, wie er es ja auch mit zahllosen anderen Kulturgütern gemacht hat. Die Kommunisten hingegen würden sich wahrscheinlich damit begnügen, bloß eine rote Fahne auf der Kuppel von Sankt Peter zu hissen (**Elena Leonardi** schaute die russische Fahne auf der Kuppel des Petersdomes).

Auf jeden Fall geht es um den Glauben. Dies bestätigt uns auch **Katharina aus dem Ötztal** (1883 – 1951): »*Es geht auch hauptsächlich um den Glauben. Es gibt nur zwei Parteien: Für den Herrgott und gegen den Herrgott! Die Verfolger der Kirche haben eine Zeitlang eine große Macht! Aber diese kurze Zeit dürft ihr im Glauben nicht umfallen. Bleibt mir um Gottes Willen katholisch. Ihr müsst stark bleiben, auch wenn es euch das Leben kostet, denn die Gottlosen werden zum Schluss vom Herrgott furchtbar gestraft. Die Glocken wollen sie noch von den Türmen holen, um sie einzuschmelzen, aber sie kommen nicht mehr dazu, es geht zu schnell.*«

Wir dürfen niemals vergessen, dass der Satan mehrere Hauptangriffsziele hat: Christen und Juden. Deutschland und Israel. Und vor allem die Kirche. Sobald wir unseren deutschen Patriotismus, unsere Liebe zum jüdischen Volk, unsere Überzeugung als Zionisten oder unsere Treue zum Papst zum Ausdruck bringen, fällt er über uns her. Das jüdische Volk wird vom Satan ganz besonders gehasst, weil aus ihm Maria, die Mutter des Erlösers, hervorging.

Satan hat heute viele Millionen Menschen unter seine ideologische Kontrolle gebracht. Diese Menschen sind vollkommen gehirngewaschen. Und wenn Sie einem solchen Menschen sagen, dass ein unvorstellbarer Triumph der Kirche bevorsteht, dann ist das ungefähr so, als wenn Sie einem Menschen, der die Erde bislang für eine Scheibe hielt, plötzlich erklären, dass sie in Wirklichkeit eine Kugel ist.

Die entscheidende Frage, die uns jetzt bewegt, lautet also: Was wird das **sechste Zeitalter der Kirche** für uns bereithalten?

Für Holzhauser war die Antwort klar: Das sechste Zeitalter der Kirche, welches bis zum Auftritt des Antichristen andauern soll und von Holzhauser auch als das »*Zeitalter des Trostes*« bezeichnet wird, wird mit dem Heiligen Papst und dem Großen Monarchen beginnen. Dieser Monarch wird eine **christliche Weltmonarchie** errichten. Als Vorbild gilt das sechste Weltalter, von der Befreiung des israelitischen Volkes und der Wiedererrichtung des Tempels und der Stadt Jerusalem bis zur Ankunft Christi.

Nachdem also im fünften Zeitalter unsägliches Unheil angerichtet, die Katholiken unterdrückt, die Priester wie Geächtete behandelt und alles sich zur Errichtung gottloser Republiken verschworen hat, wird die Hand Gottes im sechsten Zeitalter eine wunderbare Veränderung bewirken. Der von Gott gesandte Große Monarch wird einen großen Eifer für die wahre Kirche Christi an den Tag legen. Alle Völker werden kommen und Gott, ihren Herrn, im wahren katholischen Glauben anbeten. Die Protestanten werden in den Schoß der Kirche zurückkehren. Viele gerechte und gelehrte Männer werden dann auf der Erde leben, die Menschen werden Recht und Gerechtigkeit lieben, es wird auf der ganzen Welt Frieden herrschen, und der Satan wird für mindestens zwei Generationen in Ketten gelegt sein – bis dann schließlich jener kommt, der gemäß Prophezeiungen kommen soll: der Sohn des Verderbens, der Antichrist.

Monate bevor ich zum ersten Mal etwas von Bartholomäus Holzhauser hörte, hatte ich mal Maria S. gefragt, für welches Jahr sie mit der Ankunft des **Antichristen** rechnet. »Um das Jahr 2090 herum«, hatte sie damals gesagt. Vergleiche ich diese zeitliche Einschätzung mit der Einschätzung Bartholomäus Holzhausers, dann würde ich sogar sagen: Frühestens. Eher noch später.

Ich möchte in diesem Zusammenhang auch die Zuschrift eines Lesers erwähnen, welcher nach eigenem Bekunden mit dem Erzengel Gabriel in Kontakt steht. Der Erzengel habe ihm offenbart, dass der Antichrist um das Jahr 2080/2090 erscheinen und aus dem nördlichen Asien stammen werde – genauer gesagt aus Sibirien, welches gemäß Prophezeiung ja noch an die Chinesen fallen soll.

Holzhauser sagte für dieses sechste Zeitalter ebenfalls voraus, dass sich die griechisch-orthodoxe Kirche mit der römisch-katholischen Kirche wiedervereinigen werde.

Außerdem sagte er ein **allgemeines Konzil** voraus, »wie größer noch keines gehalten ward« (Dazu fällt uns gleich eine Zeile aus dem »**Lindenlied**« ein: »*Preis dem einundzwanzigsten Konzil, was den Völkern weist ihr höchstes Ziel*«). Auf diesem Konzil werden alle Ketzereien sowie der Atheismus verpönt und von der Erde verbannt werden. Auch das richtige Verständnis der Heiligen Schrift wird dann von allen Menschen angenommen werden, weil Gott die Tür der Gnade weit geöffnet haben wird.

Das siebte Zeitalter der Kirche wird demzufolge von der Ankunft des Antichristen (also frühestens zum Ende dieses Jahrhunderts) bis zum Ende der Welt dauern. Angesichts der »*Gräuel der Verwüstung*«, die da kommen werden, wird es ein »*Zustand der Trostlosigkeit*« sein.

Wir halten die folgenden *ungefähren* Jahreszahlen fest:

- Erstes Zeitalter: 33 bis 65
- Zweites Zeitalter: 65 bis 325
- Drittes Zeitalter: 325 bis 815
- Viertes Zeitalter: 815 bis 1520
- Fünftes Zeitalter: 1520 bis 2030 (?)
- Sechstes Zeitalter: 2030 (?) bis 2090 (?). Dieses Zeitalter beginnt mit dem Heiligen Papst und dem Großen Monarchen. Gemeinsam errichten sie eine christliche Weltmonarchie
- Siebtes Zeitalter: 2090 (?) bis ? Dieses Zeitalter beginnt mit dem Antichristen und dauert bis zum Ende der Welt.

Die Prophezeiungen der hl. Hildegard

Hildegard von Bingen (1098 – 1179) gilt als eine der bedeutendsten Universalgelehrten ihrer Zeit. Die Kirche verehrte sie viele Jahrhunderten lang inoffiziell als Heilige (offizielle Kanonisierung erst am 10. Mai 2012) und seit dem 5. Oktober 2012 auch als Kirchenlehrerin.

Wir können in dieser kleinen Schrift selbstverständlich nicht alle bedeutenden Voraussagen der hl. Hildegard wiedergeben – wir weisen aber darauf hin, dass sich das, was Sie im Folgenden lesen, höchstwahrscheinlich auf das fünfte, sechste und siebte Zeitalter der Kirche (nach Bartholomäus Holzhauser) bezieht.

Joseph Görres (1776 – 1848) gibt im zweiten Band seiner vierbändigen »*Christlichen Mystik*« die folgenden Weissagungen der hl. Hildegard wieder:

»*Und es wird geschehen, dass am Ende der fünften Zeit der Strick des schwersten Schismas und der größten Verwirrung über den ganzen Klerus und die Kirche geworfen wird, sodass sie aus ihrem Orte und ihrer Stätte verjagt wird. Und wie der katholische Glaube von den Tagen seines Stifters her allmählich sich ausgebreitet und durch viele Stufen angestiegen, bis er endlich in der Wahrheit und Gerechtigkeit durchleuchtend erglänzte, so wird er in diesen Tagen **weibischen Leichtsinnes von Recht und Ordnung und Satzung abfallen**.*«

Hier könnte man geneigt sein, eine Prophezeiung über die Reformationszeit herauslesen zu wollen, aber die folgenden Worte scheinen auf eine sehr viel spätere Zeit hinzudeuten:

»*Und wenn auf diese Weise der kaiserliche Szepter geteilt ist und nicht wieder ergänzt werden kann, dann wird auch die **Inful** (päpstliche Mitra) **der apostolischen Ehre zerrissen werden**. Weil nämlich die*

*Fürsten und übrigen Menschen, geistlichen und weltlichen Standes, in der Kirche keine Religion mehr finden, darum werden sie ihr Ansehen auch gering schätzen und sich andere Meister oder Erzbischöfe, oder wie sie dieselben sonst nennen mögen, in den verschiedenen Provinzen vorsetzen, sodass der **Papst also in seiner früheren Würde herabgekommen sein wird**, dass er kaum mehr Rom und einiges Wenige in der Nähe unter seiner Inful behält. Dieses aber wird durch Kriegseinbrüche also erfolgen, teils durch die gemeinsame Einstimmung der Völker, indem alle untereinander sich dazu auffordern, dass jeder weltliche Fürst sein Reich aus eigener Macht festige und beherrsche. Viele Menschen werden darauf zu den Gewohnheiten und der Disziplin der Alten sich zurückwenden; aber die Zeit wird nicht fern sein, wo jener **Sohn der Verderbnis und Verruchtheit** offenbar werden soll, der sich überhebt über alles, was Gott genannt wird, bis dieser ihn endlich mit dem Atem seines Mundes tötet.«*

Also ein ganz klarer Hinweis auf den **Antichristen**.

Die hl. Hildegard hat sich an mehreren Stellen ihres genialen Werkes »*divinorum operum*« über das »*Zeitalter des Trostes und des Triumphes der Kirche*« geäußert, welches – wie Sie bereits wissen – mit dem Großen Monarchen und dem Heiligen Papst ungefähr um das Jahr 2033 (Maria S.) beginnen wird.

Ich möchte Ihnen aber zunächst eine Stelle über das »*Zeitalter der Trübsal*« (also die letzten fünfhundert Jahre, die Gegenwart und die unmittelbare Zukunft) präsentieren.

Und damit Sie nicht den Überblick verlieren, füge ich an dieser Stelle noch einmal eine kurze Übersicht der sieben Zeitalter der Kirche nach Bartholomäus Holzhauser ein:

1. Zustand der Aussaat: 33 bis 65
2. Befruchtendes Zeitalter: 65 bis 325
3. Zeitalter der Erleuchtung: 325 bis 815
4. Friedliches Zeitalter: 815 bis 1520

5. Zeitalter der Trübsal: 1520 bis 2030 (?)
6. Zeitalter des Trostes: 2030 (?) bis 2090 (?)
7. Zustand der Trostlosigkeit: 2090 (?) bis ?

»Wenn die Furcht Gottes überall beiseite gesetzt sein wird, werden heftige und grausame Kriege entstehen, eine Menge Menschen wird darin geschlachtet und viele Städte werden in einen Schutthaufen verwandelt werden. Denn wie der Mann durch seine Kraft die Schwäche des Weibes übertrifft, und wie der Löwe alle anderen Tiere besiegt, so werden einige Menschen von ungewöhnlicher Grausamkeit, durch Zulassung der göttlichen Gerechtigkeit, mit der Ruhe der anderen ihr Spiel treiben. Gott wird unseren Feinden die Zuchtrute übergeben, zur Ausrottung des Übels, sowie es gewesen ist vom Anfange der Welt. Nachdem aber die Menschheit durch die erwähnten Plagen wird gereinigt sein, werden die Menschen, mürbe gemacht durch solche Schrecknisse, zur vollkommenen Ausübung der göttlichen Gesetze zurückkehren und sich getreulich den göttlichen Geboten fügen.«

Im Anschluss hieran äußert sich die hl. Hildegard zum *»Zeitalter des Trostes«*, welches mit dem Großen Monarchen beginnen und mit dem Erscheinen des Antichristen enden wird:

»Dann wird die Trübsal dem Troste Platz machen, wie das neue Gesetz auf das alte gefolgt ist, werden die Tage der Heilung durch ihre Segnungen die Ängste der stattgefundenen Zertrümmerung vergessen machen … In diesem Zustande der Erneuerung werden durch ganz neue und bis dahin so wenig gekannte Anordnungen Friede und Gerechtigkeit wieder hergestellt werden, dass die Menschen, von Erstaunen darüber hingerissen, gestehen werden, dass sie Ähnliches bis dahin nicht gesehen haben … Denn es werden mächtige Männer mit großer Prophetengabe aufstehen, und in den Söhnen und Töchtern der Menschen werden alle Keime der Gerechtigkeit zur Blüte kommen, wie es auf Gottes Geheiß der Prophet, sein Diener, vorausgesagt: ‚An diesem Tage wird der Spross des Herrn zur Herrlichkeit sein und zur Glorie, und der Erde Frucht herrlich und Jubel denen, welche gerettet werden aus Israel' (Isaias 4,2). In jenen Tagen des Segens werden

*sich über die Erde ganze Wolken von Fruchtbarkeit und herrlichem Gedeihen ausbreiten, weil die Menschen sich ganz den Werken der Gerechtigkeit hingeben werden, während in der vorhergegangenen Zeit, welche durch die weichlichen und weibischen Sitten der Welt so trostlos waren, die Elemente durch die Sünden der Menschen geschändet und zur Ohnmacht in der Erzeugung des Guten gebracht waren. Die Fürsten werden mit ihren Völkern wetteifern, um in allem das göttliche Gesetz walten zu lassen. Sie werden den Gebrauch der Kriegswaffen abschaffen und das Eisen bestraft und in die Acht erklärt werden. Wie die Wolken mit ihrem süßen Tau die Erde befruchten werden, ebenso wird auch der heilige Geist die Völker bereichern mit dem Tau seiner Gnade, der Wissenschaft, der Weisheit und der Heiligkeit; **alles wird so an diesem neuen Geschlechte umgestaltet werden**. Entsprechend dem Einfluss der Macht von Oben wird auch ein wahrer Sommer im geistlichen Leben entstehen: **alles wird in der Wahrheit wiederhergestellt werden** ... Die Wahrheit wird ohne Dunkel leuchten, die Weisheit wird den Schatz des Frohsinnes und heroischer Tugenden öffnen, alle Gläubigen werden sich darin (in der Weisheit) wie in einem Spiegel des Heiles sehen. In derselben Zeit werden auch die heiligen Engel, nicht mehr wie früher durch den Dunst der Sünden der Welt von der menschlichen Gesellschaft zurückgehalten, in vertrauten Verkehr mit den Menschen treten, weil sie entzückt sind von der Erneuerung und Heiligkeit ihres Lebens. Diese Freude der Gerechten, welche gleichsam im Angesichte des gelobten Landes stehen und getragen sind von der Hoffnung auf eine ewige Vergeltung, wird indes nicht vollkommen sein, weil sie den Tag des Gerichtes sich nahen sehen.«*

Am Ende jenes **sechsten Zeitalters** – also ungefähr **um das Jahr 2090 herum** (vielleicht aber auch später) – erscheint dann der **Antichrist**. Dieser »*Sohn des Verderbens*«, der das **siebte und letzte Zeitalter der Kirche** einleitet, wird nur kurze Zeit regieren. Der Antichrist ist nicht Satan selbst, sondern »*ein demselben an Scheußlichkeit gleichendes menschliches Wesen. Seine Mutter, ein verkommenes Weib, wird angeben, seinen Vater nicht zu kennen und behaupten, ihr Sohn sei ihr auf übernatürliche Weise von Gott geschenkt.*«

Dieser »*Sohn des Verderbens*« wird alle Mächtigen für sich gewinnen und letztendlich die ganze Erde unterjochen. Die Völker wird er dadurch verführen, »*dass er ihnen völlige Freiheit von allen göttlichen und kirchlichen Geboten gewährt, ihre Sünden verzeiht und nur verlangt, dass sie an seine Gottheit glauben. Taufe und Evangelium wird er verwerfen. Wenn der Sohn des Verderbens seine Pläne wird zur Ausführung gebracht haben, wird er seine Anbeter versammeln und ihnen sagen, dass er gegen Himmel steigen will. In dem Augenblicke dieser Auffahrt wird ihn ein Blitz zerschmettern.*«

Danach werden alle wieder zur Kirche zurückkehren. Die hl. Hildegard beschließt ihre Weissagungen mit der göttlichen Mahnung, die Menschen sollten sich **auf das Gericht vorbereiten**. »*Niemand kann den Tag desselben ausfindig machen. Der Vater allein hat sich dies Geheimnis vorbehalten.*«

Die drei Weltzeitalter nach der hl. Birgitta

Die **hl. Birgitta von Schweden** (1303 – 1373) zählt zu den ganz großen Heiligen der Kirche. Wie die Akten ihrer Heiligsprechung bestätigen, war ihr von Gott außer der Gabe der Wunder auch die Gabe der Weissagung geschenkt.

Beginnen wir mit einer Offenbarung zum Schicksal jener **Griechen**, die nicht katholisch werden wollen (Es geht also um die Abspaltung der griechischen Christen von Rom in der Mitte des 8. Jahrhunderts). Die Heilige erhielt diese Offenbarung vom Herrn in Jerusalem (Quelle: Ludwig Clarus, »*Leben und Offenbarungen der Heiligen Brigitta*«, Regensbug, 1856):

»*Die Griechen, welche wissen, dass alle Christen nur den einen katholischen Glauben festhalten und nur einer Kirche, nämlich der römischen, untertan sein müssen, und auch nur einen einzigen allgemeinen Statthalter Christi in der Welt, nämlich den römischen Papst, als geistlichen Hirten über sich haben sollen, sich aber gleichwohl aus hartnäckigem Hochmute, aus Begehrlichkeit, aus Mutwillen des Fleisches oder wegen irgend eines anderen Dings, das zur Welt gehört, weder dieser römischen Kirche noch meinem Statthalter geistigerweise unterwerfen, noch demütig unterstellen wollen, sind unwürdig, nach dem Tode von mir Verzeihung oder Barmherzigkeit zu erlangen. Den anderen Griechen aber, die zwar mit Verlangen den römisch-katholischen Glauben umfassen möchten, denselben aber nicht kennenlernen können, jedoch wenn sie denselben kennten und es vermöchten, denselben andächtig und gern annähmen, sich auch der Kirche demütig unterwerfen würden, gleichwohl aber nach ihrem Gewissen in dem Stande und Glauben, worin sie sich befinden, des Sündigens enthalten und fromm leben, gebührt nach ihrem Tode in ihren Peinen meine Barmherzigkeit, wenn sie vor mein Gericht gerufen werden.*«

Über das jetzige Zeitalter, welches bis zur Ankunft des **Großen Monarchen** dauern wird, sagte ihr der Herr:

»Denn ich werde einen Hungrigen erwecken, der verschlingen wird, was sie Angenehmes haben. Die einheimischen Übel werden nicht aufhören und Zwietracht wird im Überflusse vorhanden sein. Die Toren werden herrschen und die Greise und Weisen ihr Haupt nicht erheben. Ehre und Wahrheit werden daniederliegen, bis derjenige kommen wird, welcher meinen Zorn besänftigen, seine Seele aber aus Liebe zur Gerechtigkeit nicht schonen wird.«

Zuerst die schlechte Nachricht: Dummköpfe beherrschen uns. Und die Weisen nehmen das einfach hin, ohne sich zu wehren. In aller Stille aber flehen sie zum Herrn, sie endlich von dieser Geißel zu erlösen und den ersehnten Retter zu schicken.

In diesem Zusammenhang erinnere ich an eine Passage aus dem **»Lindenlied«** (1850):

*»Denn des Elend einz'ger Hoffnungsstern
Eines bessern Tages ist endlos fern.
,Heiland, sende den du senden musst!'
Tönt es angstvoll aus des Menschen Brust.«*

Dann die gute Nachricht: Gott wird ihr Flehen erhören und den Retter schicken. Es wird der **Große Monarch** sein.

Im Zusammenhang mit einer Offenbarung über den **Antichristen** und das **Weltende**, enthüllte ihr der Herr auch das Geheimnis der **drei Zeitalter**:

*»Diese Welt ist wie ein Schiff, das beladen ist mit Sorgen und durch die Stürme der Versuchungen hin und her getrieben wird und den Menschen niemals sicher lässt, bevor er in den Hafen der Ruhe gelangt ist. Denn wie ein Schiff drei Abteilungen hat, nämlich das Vorderteil, die Mitte und das Hinterteil, also bezeichne ich dir, dass **drei Zeitalter** in der Welt sind:*

- *Das **erste** erstreckte sich von Adam bis auf meine Menschwerdung. Dieses wird durch das Vorderteil bedeutet, das hoch, wunderbar und stark war. Hoch in der Patriarchen Gottesfurcht, wunderbar in der Propheten Wissenschaft, stark in des Gesetzes Befolgung. Dieser Teil begann da allmählich hinabzugehen, als das jüdische Volk unter Verachtung meiner Gebote sich in Laster und Gottlosigkeit einließ. Deshalb ist es verstoßen von der Ehre und aus dem Besitze.*
- *Das Mittelalter, d.h. der **mittlere Teil der Welt** begann alsdann sichtbar zu werden, als ich selber, der Sohn des lebendigen Gottes, habe wollen Fleisch werden. Denn wie das Mittelschiff niedriger und mehr herabgedrückt ist als der übrige Teil des Schiffes, so begann mit meiner Ankunft die Demut gepredigt zu werden, und viele sind derselben lange Zeit nachgefolgt.*
- *Nun aber (also im 14. Jahrhundert) beginnt, weil Ruchlosigkeit und Hoffart zunehmen, und mein Leiden gleichsam vergessen und vernachlässigt wird, der **dritte Teil** sich zu erheben, welcher fortdauern wird bis zum Gericht, und in diesem Zeitalter habe ich durch dich die Worte meines Mundes der Welt geschickt, und wer immer dieselben vernommen haben und ihnen gefolgt sein wird, wird glücklich werden. Denn wie Johannes in seinem oder vielmehr in meinem Evangelium sagt: Selig, die da nicht gesehen und doch geglaubt haben, so sage ich jetzt: Selig, fürwahr, in ewiger Seligkeit werden diejenigen sein, welche diese Worte hören und denselben folgen werden. **Am Ende dieses Zeitalters** wird der **Antichrist** geboren werden. Denn wie aus einer geistigen Ehe Kinder Gottes geboren werden, so wird der Antichrist von einem verfluchten Weibe geboren werden, das da vorgibt das Geistliche zu verstehen, und von einem verfluchten Manne, aus denen mit meiner Zulassung der Teufel sein Werk gestalten wird. Allein die Zeit dieses Antichrists wird nicht sein, wie der Bruder, dessen Bücher du gesehen, beschrieben hat, sondern in der Zeit, die mir bekannt ist, **wenn die Ungerechtigkeit das Maß überfließen lässt und die Ruchlosigkeit ins Unermessliche gewachsen sein wird.** Darum wisse, dass, bevor der Antichrist gekommen, mehreren Heiden die Pforte des Glaubens geöffnet werden wird. Sodann ist*

es, wenn die Christen die Ketzereien lieben, und wenn die Ungerechten die Geistlichkeit und Gerechtigkeit mit Füßen treten, ein offenbares Zeichen, dass der Antichrist kommen wird.«

Gefahren für die Kirche

Alle großen Heiligen haben uns ja mehr oder weniger deutlich zu verstehen gegeben, dass die großen Heimsuchungen nicht zwingend eintreten müssen. Sie können abgemildert, wenn nicht sogar ganz aufgehoben werden. Aber dazu müssen wir Buße tun und auf der Stelle umkehren!

Dünkel und Rechthaberei, die »reine Vernunft« und die inneren Feinde der Kirche stellen ebenfalls große Gefahren dar. Dies lehrt uns im besonderen Maße die **sel. Anna Katharina Emmerick** (1774 – 1824).

Dieser stigmatisierten Nonne war die Gabe der Weissagung in außerordentlichem Maße geschenkt worden. In dem Buch »*Das Leben der gottseligen Anna Katharina Emmerich*« (1885) des Redemptoristenpaters **Carl Erhard Schmöger** findet sich das folgende höchst interessante Gesicht:

*»Mein Schutzengel brachte mich vor ein großes Gebäude und sagte: Tritt herein! Ich will dir die **Lehren der Menschen** zeigen. Wir traten in einen weiten Saal, der mit Lehrern und Zuhörern angefüllt war. Es wurde mit Hitze gestritten und des Schreiens und Tobens war kein Ende. Wunderbar kam es mir vor, dass ich den Lehrern bis ins Herz sah, in welchem ich bei allen ein **schwarzes Kästchen** bemerkte. In der Mitte des Saales aber stand ein **vornehmes, großes Weib**, welches mit disputierte und eigentlich den Ton hier angab. Ich hörte mit meinem Schutzengel eine Weile zu, sah aber mit Staunen, wie die Zuhörer nach und nach verschwanden, und der Saal selbst so unmerklich veraltet und baufällig wurde, dass der Fußboden nicht mehr sicher zu betreten war. Die Lehrer fanden es für ratsam, einen andern Saal zu suchen. Sie zogen ein Stockwerk höher und setzten hier den Streit in gleicher Hitze fort. Allein auch hier nahm die Veraltung und Baufälligkeit des ganzen Gebäudes so schnell überhand, dass ich mich am Ende mit Schrecken*

*auf einem halb verfaulten Brette erblickte und meinen Schutzengel um Rettung vor einem jähen Sturz in die Tiefe bat. Er beruhigte mich und führte mich in Sicherheit. Als ich nach der Bedeutung des **schwarzen Kästchens** fragte, sagte er: Das ist der **Dünkel** und die **Rechthaberei**; das **Weib** aber ist die **Philosophie**, oder wie sie es nennen, die **reine Vernunft**, die alles über ihren Leisten schlagen will. An sie halten sich diese Lehrer, nicht an die goldene Wahrheit der reinen Überlieferung.«*

Auch ein Plan zur Erfindung einer **Mischmaschreligion** und zur Gründung einer **Nationalkirche** wurde der Begnadeten in folgender Weise gezeigt:

*»Sie bauten eine große **wunderliche, tolle Kirche**. Da sollten alle darin sein und einig und mit gleichen Rechten, evangelisch, katholisch und alle Sekten, und es sollte eine wahre Gemeinschaft der Unheiligen sein und ein Hirt und eine Herde werden. Es sollte auch ein Papst sein, er sollte aber gar nichts besitzen und besoldet werden. Es war alles schon vorbereitet und vieles fertig; aber wo der Altar war, da war es wüst und gräulich.«*

*»Ich sah, wie sich in **Deutschland** unter den weltklugen Geistlichen und unter aufgeklärten Protestanten ein Wunsch, ein Plan gebildet hat von **Verschmelzung der Religionen**, von Aufhebung der päpstlichen Gewalt, von mehreren Oberhäuptern, von Ersparung vieler Unkosten und Verminderung der Geistlichen.«*

Von allerhöchstem Interesse für jeden gläubigen Katholiken sind jene Schauungen, die die sel. Anna Katharina Emmerick in Bezug auf die **Kämpfe und den Sieg der Kirche** hatte.

*»Ich sah die **Peterskirche** und eine ungeheure Menge Menschen, welche beschäftigt waren, sie **niederzureißen**, aber auch andere, welche wieder an ihr herstellten. Es zogen sich Linien von handlangenden Arbeitern durch die ganze Welt, und ich wunderte mich über den Zusammenhang. Die Abbrechenden rissen ganze Stücke hinweg, und es waren besonders viele Sektierer und Abtrünnige dabei: Wie nach Vorschrift*

*und Regel aber rissen die Leute ab, welche weiße, mit blauem Bande eingefasste **Schürzen** trugen und **Kellen** im Gürtel stecken hatten. Sie hatten sonst Kleider alter Art an, und es waren große und dicke vornehme Leute, mit **Uniformen** und **Sternen** dabei, welche aber nicht selbst arbeiteten, sondern mit der Kelle nur an den Mauern Stellen anzeichneten, wo und wie abgebrochen werden sollte. Zu meinem Entsetzen waren auch **katholische Priester** dabei. Manchmal aber, wenn sie nicht gleich wussten, wie abbrechen, nahten sie, um sicher zu gehen, einem der Ihrigen, welcher ein **großes Buch** hatte, als stünde die ganze Art des Baues und des Abbruches darin verzeichnet. Und dann zeichneten sie mit der Kelle wieder eine Stelle genau an, die abgerissen werden sollte, und schnell war sie herunter. Diese Leute rissen ganz ruhig und mit Sicherheit ab, aber scheu und heimlich und lauernd. Den Papst sah ich betend ... Ich sah einen **kleinen, schwarzen, weltlichen Kerl** in voller Tätigkeit gegen die Kirche.*

*Während auf der einen Seite die Kirche so abgebrochen wurde, ward auf der anderen Seite wieder daran gebaut, aber sehr ohne Nachdruck. Ich sah viele Geistliche, die ich kannte ... Ich sah auch meinen Beichtvater einen schweren Stein mit weitem Umweg herbeischleppen, andere sah ich träge ihr Brevier beten und dazwischen etwa ein Steinchen als große Rarität unter dem Mantel herbeitragen oder anderen hinreichen. Sie schienen alle kein Vertrauen, keine Lust, keine Anweisung zu haben und gar nicht zu wissen, um was es sich handle. Es war ein Jammer. Schon war der ganze Vorderteil der Kirche herunter und nur das Allerheiligste stand noch. Ich war sehr betrübt und dachte immer, wo bleibt denn der **Mann**, den ich sonst mit rotem Kleide und weißer Fahne rettend auf der Kirche stehen sah? Da erblickte ich aber eine **majestätische Frau** über den großen Platz vor der Kirche wandeln. Ihren weiten Mantel hatte sie auf beide Arme gefasst und schwebte leise in die Höhe. Sie stand auf der Kuppel und breitete weit über den ganzen Raum der Kirche ihren Mantel, der wie vom Golde strahlte. Die Abbrechenden hatten aber ein wenig Ruhe gegeben. Nun wollten sie wieder heran, konnten aber auf keine Weise sich dem Mantelraume nähern. **Aber von der anderen Seite entstand eine ungeheure Tätigkeit der Aufbauenden.** Es kamen ganz alte, krüppelige, vergessene*

Männer und viele kräftige, junge Leute, Weiber und Kinder, Geistliche und Weltliche, und der Bau war bald wieder ganz hergestellt.«

Diese Schau ist dermaßen klar, dass sie eigentlich keiner Interpretation bedarf. In dem »*Mann mit rotem Kleide und weißer Fahne*« erkennen wir unzweifelhaft unseren Herrn Jesus Christus, in der »*majestätischen Frau*« die Gottesmutter. Und das ist sehr interessant, weil es auch von anderen Sehern so angekündigt wurde: Den endgültigen Sieg wird der Herr seiner Mutter überlassen. Die dunklen Mächte, die schon seit Jahrhunderten unsere heilige Mutter Kirche zerstören wollen, haben letztlich keine Chance.

*»Nun sah ich einen **neuen Papst** mit einer Prozession kommen. Er war jünger und viel strenger, als der vorige. Man empfing ihn mit großer Feierlichkeit. Es war, als solle er die Kirche einweihen, aber ich hörte eine Stimme, es brauche keine neue Weihe, das Allerheiligste sei stehen geblieben. Es sollte eben ein doppeltes, großes Kirchenfest sein: **ein allgemeines Jubiläum und die Herstellung der Kirche**. Ehe der Papst das Fest begann, hatte er schon seine Leute vorbereitet, welche aus den Versammelten ganz ohne Widerspruch eine Menge vornehmer und geringer Geistlicher ausstießen und forttaten. Und ich sah, dass sie mit Grimm und Murren die Versammlung verließen. Und er nahm sich ganz andere Leute in seinen Dienst, geistliche und auch weltliche. Dann begann die **große Feierlichkeit** in der St. Peterskirche. Die mit der **weißen Schürze** arbeiteten immer in der Stille und mit Umsicht, scheu und lauernd, **wenn die anderen nicht zusahen**.«*

Hier kann man wieder einmal deutlich erkennen, wie dumm die Feinde der Kirche sind. Sie können die Kirche zwar verfolgen, aber sie können sie niemals vollständig überwältigen. Darauf haben wir Brief und Siegel: *»Ich aber sage dir: Du bist Petrus und auf diesen Felsen werde ich meine Kirche bauen und die Mächte der Unterwelt werden sie nicht überwältigen«* (Matthäus 16, 18). Das einzige, worauf sich die Feinde der Kirche verlassen können, ist ihr sicherer Platz in der Hölle.

Es ist nicht ausgeschlossen, dass die sel. Anna Katharina Emmerick im Folgenden auch eine Schau des **Großen Monarchen** hatte:

*»Ein Bild sah ich noch von einer **ungeheuren Schlacht**. Das ganze Feld war voll Dampf. Sie schossen überall aus Gebüschen, welche voll Soldaten lagen. Der Ort lag niedrig, in der Ferne lagen große Städte. Ich sah den **heiligen Michael** mit einer großen Schar Engel niederkommen und die Streitenden auseinander treiben. Das wird aber erst geschehen, wenn alles schon verloren scheint. Es wird ein Führer den heiligen Michael anrufen, und dann wird der Sieg niederkommen.«*

Man fühlt sich unweigerlich an eine weitere Passage aus dem **»Lindenlied«** erinnert:

»Alles ist verloren!« hier's noch klingt,
»Alles ist gerettet«, Wien schon singt.

Ob es bei dieser Schlacht tatsächlich um eine physische Schlacht gegen den russischen Angreifer oder um einen Krieg gegen den IS auf heimischem Boden geht, wissen wir nicht. Es könnte sich genauso gut um eine **geistige Schlacht** gegen die Feinde der Kirche handeln. Dafür spricht das folgende Gesicht:

*»Ich kannte viele von den Leuten, welche beitrugen, und ich sah mit Verwunderung, **wie ganze Anstalten und große und gelehrte Leute nichts lieferten**, wie aber von den Armen und Geringen ganze Waffenstücke kamen. Ich sah auch den Kampf. Der Feinde waren unendlich mehr, die kleine treue Schar aber warf ganze Reihen nieder … Es war ein **schrecklicher Krieg**, zuletzt war nur noch ein **kleines Häuflein Gutgesinnter, die Sieger wurden**.«*

Abschließend möchte ich noch eine sehr interessante prophetische Äußerung der sel. Anna Katharina Emmerick über **Paris** erwähnen:

*»An einem Orte war es mir, als würde eine **große Stadt, die besonders***

voll Bosheit war, ganz unterminiert. Da waren viele Teufel bei der Arbeit. Sie waren schon weit darunter hin, und ich glaubte, sie müsse, wo schwere Gebäude ständen, bald sinken. Von Paris habe ich oft schon die Empfindung gehabt, es müsse sinken. Ich sehe so viele Höhlen darunter, doch nicht solche mit Bildhauerarbeit, wie in Rom.«

Wir erinnern uns, dass auch **Alois Irlmaier** (1894 – 1959) Bedeutendes für Paris vorausgesagt hat. Angeblich werde Paris während der europäischen Bürgerkriege kurz vor oder während des Russenangriffs von den eigenen Leuten angezündet.

Das Schicksal von Paris wird auch von der Laienschwester **Maria Lataste** (1822 – 1847) aus der Kongregation vom göttlichen Herzen Jesu geweissagt:

»*O Paris!*« – diese Worte hörte Maria Lataste den Heiland an den Erzbischof von Paris richten – »*schon längst hast du meinen Unwillen verdient, und wenn ich bis jetzt die Fluten meines Grimmes nicht über dich kommen ließ, so ist dies eine Wirkung meiner Barmherzigkeit. Ich habe meinen rächenden Arm zurückgehalten, der auf dich niederfallen sollte. Ich habe die unzählige Menge der Sünder geschont, um nicht auch die Gerechten zu schlagen. Deine Einwohner werden dich eines Tages verfluchen, weil du sie mit deinem Pesthauch gesättigt haben wirst, und diejenigen, denen du ein Asyl geboten, werden ihre Verwünschungen auf dich schleudern, weil sie den Tod in deinen Mauern gefunden haben werden.*«

Auch der **hl. Jean-Baptiste Marie Vianney** (1786 – 1859), besser bekannt als »*Pfarrer von Ars*«, äußerte sich zum Schicksal von Paris: »*Paris wird geschleift und verbrannt werden, aber nicht gänzlich, jedoch wird man noch schrecklichere Sachen sehen, als man gesehen hat. Es gibt eine Grenze, welche die Zerstörung nicht überschreiten wird.*«

Strafgericht und Erneuerung der Kirche

In dem Buch von R. P. Calixte, »*La vénérable Anne Marie Taigi et la servante de Dieu Elisabeth Canori-Mora, Tertiaires*«, Bruxelles, 1869) finden sich die höchst interessanten Offenbarungen der **sel. Elisabetta Canori-Mora** (1774 – 1815), die sie auf Befehl ihres Beichtvaters niederschrieb.

Im Jahre 1820 wurde sie in einer Vision in den Himmel erhoben und in die Nähe Gottes gerückt. Dabei erschien ihr der heilige Apostel Petrus. Als dieser mit seinem Hirtenstab ein Kreuz auf die Erde zeichnete, sprossen plötzlich vier herrliche Bäume aus den vier Enden des Kreuzes empor. Dazu wurde ihr gesagt, dass diese Bäume mal die Zufluchtsstätten für die kleine Herde Jesu Christi bilden würden. Sie würden die guten Christen vor einem schrecklichen Strafgericht beschützen, welches die ganze Welt heimsuchen würde.

»*Alle guten Christen, welche sich unter die geheimnisvollen Bäume geflüchtet hatten, sah ich unter der Gestalt schöner Lämmer der Obhut des heiligen Petrus, ihres Hirten, anvertraut. Sie erwiesen ihm die demütigste Unterwerfung und den ehrfurchtsvollsten Gehorsam. Sobald der heilige Apostel die Herde Christi in Sicherheit gebracht hatte, stieg er von den Engeln begleitet zum Himmel. Kaum waren sie verschwunden, so bedeckte sich der Himmel mit so dunklen und dichten Wolken, dass man ihn ohne Schrecken nicht betrachten konnte. Plötzlich erhob sich ein gewaltiger Sturm, dessen Sausen wie das Brüllen eines wütenden Löwen erklang. **Entsetzen wird alle Menschen und Tiere erfassen.***

***Die Menschen werden in Aufruhr sein, sie werden sich gegenseitig ohne Erbarmen niedermetzeln.** Während dieses blutigen Kampfes wird die rächende Hand Gottes gegen diese Unglücklichen ausgestreckt sein, und er wird durch seine Macht ihren Hochmut und ihre Verwe-*

genheit bestrafen. Er wird sich der Macht der Finsternis bedienen, um die Sektierer und Gottlosen, welche die heilige Kirche in ihren Fundamenten erschüttern und vernichten wollen, auszurotten. In ihrer verwegenen Bosheit vermeinen diese Elenden, Gott von seinem Throne zu stoßen; aber er lacht über ihre Verschlagenheit, und durch ein Zeichen seiner mächtigen Hand wird er die Gotteslästerer und Gottlosen strafen ... Gott lässt zu, dass diese Heuchler durch die Grausamkeit der Dämonen gestraft werden und eines tragischen und barbarischen Todes sterben, weil sie sich freiwillig den höllischen Mächten übergeben und sich mit ihnen gegen die katholische Kirche verbündet hatten.

Nach dieser schrecklichen Züchtigung sah ich plötzlich den Himmel sich aufhellen. Der heilige Petrus stieg von neuem herab, bekleidet mit den hohepriesterlichen Gewändern, von Engeln umgeben, welche Loblieder sangen und ihn als den Fürsten der Erde priesen ...

Nun verbreitete sich glänzende Klarheit über die Erde zum Zeichen der Versöhnung Gottes mit den Menschen. Die Engel führten vor den Thron des Apostelfürsten die kleine Herde, welche Christus geblieben war. Diese guten und eifrigen Christen brachten ihm ehrfurchtsvoll ihre Huldigungen vor, sie priesen Gott und dankten dem Apostel, dass er sie vor dem allgemeinen Verderben beschützt und die Kirche Christi bewahrt und aufrecht gehalten habe, indem er nicht zugelassen, dass sie durch die falschen Grundsätze der Welt fortgerissen wurden. Der ... wählte alsdann den neuen Papst. Die Kirche war wieder erneuert, desgleichen die Orden, und die Häuser der Christen glichen Klöstern, so groß waren jetzt die Andacht und der Eifer für die Ehre Gottes.

Auf diese Weise erfüllte sich in einem Augenblick der eklatante Triumph der katholischen Kirche. Alles lobt und preist sie, alle übergeben sich ihr, indem sie den Papst als Stellvertreter Jesu Christi anerkennen.«

Das Zeitalter Mariens

Es gibt nicht gerade wenige Christen, denen der Marienkultus der Kirche, also die Verehrung der allerseligsten Jungfrau und Gottesgebärerin Maria, gehörig auf die Nerven geht.

Aber können sich jene Päpste, Bischöfe, die höchsten geistlichen und weltlichen Würdenträger, ganze Ordensgemeinschaften sowie Millionen einzelner Gläubiger, die ihrer Verehrung und ihrem Vertrauen auf Maria öffentlich Ausdruck geben, wirklich alle irren? Nein, selbstverständlich irren sie sich nicht. Die Königin des Himmels schüttet nachweislich die reichste Fülle der Gnaden über ihre Verehrer aus und zeigt ihre Macht und Güte in so vielfältiger Weise und in abertausenden geistigen und materiellen Anliegen, dass man ganz schön blöd sein muss, wenn man sich nicht unter ihren Schutz stellt.

Dem **hl. Ludwig Maria Grignion de Montfort** (1673 – 1716) wurden zahllose Offenbarungen über das Zeitalter Mariens zuteil. Der Priester und Theologe **Frederick William Faber** (1814 – 1863), der mit einunddreißig Jahren von seiner anglikanischen Ordination zur katholischen Kirche wechselte, bemerkte in seiner Vorrede zu einer Schrift Grignions: *»Seine Predigten, seine Schriften, seine Gespräche waren alle mit dem **Geiste der Weissagung** erfüllt und mit Vorausahnungen der späteren Zeiten der Kirche. Er tritt auf wie ein zweiter heiliger Vincentius Ferrerius, wie in den Tagen, die dem letzten Gericht vorausgehen, und verkündigt, dass er eine zuverlässige Botschaft von Gott bringt, über die größere Ehre und weitere Erkenntnis und hervorragendere Liebe seiner gebenedeiten Mutter und über deren Zusammenhang mit der zweiten Ankunft ihres Sohnes.«*

Mit den folgenden Auszügen aus einer Schrift Grignions (*»Über die wahre Andacht zur seligsten Jungfrau«*) möchte ich zeigen, dass keine Stufe der Verehrung – ausgenommen die der Anbetung und Vergöttlichung – für Maria zu hoch ist.

- »Ich bekenne mit der ganzen Kirche, dass Maria als ein bloßes Geschöpf, das aus der Hand des Allerhöchsten gekommen, im Vergleich mit seiner unendlichen Majestät weniger ist als ein Stäubchen, und demgemäß hatte der Herr, der immer unabhängig und sich selbst genügend ist, die heilige Jungfrau **nie unbedingt nötig** zur Erfüllung seines Willens und zur Offenbarung seiner Herrlichkeit und hat sie auch jetzt nicht nötig. Er darf nur wollen, um alles zu tun. Trotzdem sage ich, dass, die Dinge ausgenommen, wie sie jetzt sind, und nachdem Gott seine größten Werke durch die seligste Jungfrau beginnen und vollenden wollte, weil er sie schuf, wir glauben dürfen, dass er sein Verfahren in ewiger Zeit nicht ändern werde; denn er ist Gott und ändert sich weder in seinen Gesinnungen noch in seinem Verfahren.«
- »Maria hat zugleich mit dem heiligen Geiste das Größte hervorgebracht, das war oder sein wird – einen Gottmenschen, und sie wird folglich die größten Dinge hervorbringen, die in den **letzten Zeiten** sein werden. Die Bildung und Erziehung der großen Heiligen, die am **Ende der Welt** kommen werden, ist ihr vorbehalten. Denn nur jene in ihrer Art einzige und wunderbare Jungfrau ist es, die in Verbindung mit dem heiligen Geiste in ihrer Art einzige und außerordentliche Dinge hervorbringen kann … **Mit Maria hat das Heil begonnen und durch Maria muss es vollbracht werden.** Maria hat sich in der **ersten Ankunft** Christi überhaupt kaum gezeigt, damit die bis dahin über die Person ihres Sohnes nur wenig unterrichteten und aufgeklärten Menschen sich nicht von ihm entfernen und zu sehr an sie hängen möchten. Dies würde offenbar der Fall gewesen sein, wenn sie bekannt gewesen wäre, wegen der wunderbaren Reize, welche der Allerhöchste sogar über ihr Äußeres ergoss … Aber in der **zweiten Ankunft** soll Maria durch den heiligen Geist bekannt gemacht und geoffenbart werden, damit durch sie Jesus Christus erkannt und geliebt werde.«

- »Maria muss in **diesen letzten Zeiten** mehr als je an Erbarmen, an Macht und an Gnade hervorleuchten: an **Erbarmen**, um die armen verirrten Sünder zurückzubringen und liebend aufzunehmen, die sich bekehren und zur katholischen Kirche zurückkehren werden; an **Macht** gegen die Feinde Gottes, die Götzendiener, Schismatiker, Mohammedaner und in die Gottlosigkeit verhärteten Seelen, die in schrecklicher Empörung gegen Gott aufstehen werden, um all jene zu verführen, die ihnen entgegen sein werden, und sie durch Versprechungen und Drohungen zum Falle zu bringen; endlich muss sie hervorleuchten an **Gnade**, um die mutigen Streiter und treuen Diener Jesu Christi zu beseelen und aufrecht zu halten, welche für seine Interessen kämpfen werden.«
- »Die Kinder Belials, die Sklaven Satans, die Freunde der Welt haben bis zu dieser Zeit immer jene verfolgt, welche Unserer Lieben Frau angehören und werden sie in Zukunft mehr als je verfolgen. Aber die demütige Maria wird immer den Sieg über jenen stolzen Geist haben und einen so großen Sieg, dass sie seinen Kopf zertreten wird, wo sein Hochmut weilt ... **Aber die Macht Marias über alle Teufel** wird besonders in den letzten Zeiten hervortreten, wenn Satan ihrer Ferse nachstellen wird, das heißt ihren demütigen Sklaven und ihren armen Kindern, welche sie auferwecken wird, ihn zu bekriegen ... Aber welche werden jene Diener, Sklaven und **Kinder Marias** sein? Sie werden ein brennendes Feuer der Diener des Herrn sein, welche das Feuer der göttlichen Liebe überall entzünden, wie scharfe Pfeile in der mächtigen Hand Marias, um ihre Feinde zu durchbohren. Sie werden die Söhne Levis sein, wohl gereinigt durch das Feuer großer Trübsal und fest anhänglich an Gott, die das Gold der Liebe in ihrem Herzen tragen werden ... Sie werden die wahren Apostel der letzten Zeit sein, welchen der Herr der Heerscharen das Wort und die Macht geben wird, Wunder zu wirken und die herrliche Siegesbeute seiner Feinde davonzutragen. Sie werden ohne Gold oder Silber schlafen, und was mehr ist, ohne Sorge, inmitten der übrigen Priester, und dennoch

werden sie die Silberschwingen der Tauben haben, um mit der reinen Absicht der Ehre Gottes und des Heiles der Seelen überall hinzugehen, wohin der heilige Geist sie ruft ... Aber Maria wird da sein auf Befehl des Allerhöchsten, um sein Reich über das der Gottlosen, der Götzendiener und der Mohammedaner auszudehnen. Aber wann und wie soll das geschehen? Gott allein weiß es. An uns ist es zu schweigen, zu beten, zu seufzen und zu warten.«

- »Wenn mein süßer Jesus in seiner Herrlichkeit zum zweiten Male auf die Erde kommt, wie es gewiss ist, um daselbst zu herrschen, so wird er keinen anderen Weg für seine Reise wählen als Maria, durch welche er das erste Mal so sicher und so vollkommen kam. Aber es wird ein Unterschied sein zwischen seiner ersten und letzten Ankunft. Das erste Mal kam er geheim und verborgen, das zweite Mal wird er glorreich kommen und im Glanze, aber auch das zweite Mal wird er vollkommen kommen, weil er ebenfalls kommen wird durch Maria. **Doch hier ist ein Geheimnis, das man nicht begreift.**«

Wir wollen dieses Kapitel beschließen mit einem Auszug aus einem Werk der **hl. María von Ágreda** (1602 – 1665), das den Titel trägt: »*Die geheimnisreiche Stadt Gottes*« (Ciudad de Dios):

*»Mir ist offenbart worden, dass durch die **Fürbitten und Tugenden Marias** künftig einmal noch alle Irrlehren erlöschen werden. Die Zeit, wo dies geschehen soll, ist mir verborgen geblieben. Den Sieg wider die Irrlehren hat Christus seiner Mutter vorbehalten ... Nachdem ich diese Stimme vernommen hatte, sah ich vom Himmel vier Kugeln von wunderbarem Glanze herabsteigen, die sich als hell leuchtende Gestirne nach den vier Weltgegenden hin verbreiteten. Es wurde mir sogleich geoffenbart, dass **in diesen letzten Jahrhunderten der Herr den Ruhm seiner heiligsten Mutter erhöhen und verbreiten** und der Welt ihre Wunder und verborgenen Geheimnisse enthüllen wolle, Geheimnisse, die durch seine Vorsehung bis zur Zeit aufbewahrt seien, wo deren Kenntnis am allernotwendigsten sei, damit alle, welche in jener Epo-*

che leben, den Beistand, den Schutz und die mächtige Fürbitte dieser unserer milden Königin sich zu Nutzen machen können.«

Viele Prophezeiungen der Heiligen mussten aus Platzgründen unberücksichtigt bleiben. Ist aber nicht weiter schlimm, denn im Prinzip sagen sie alle das Gleiche: Kehrt um! Tut Buße, damit die große Züchtigung noch abgemildert werden kann. Hören Sie also weniger auf die Theologen und Bibelforscher, hören Sie mehr auf den Papst und die Heiligen. Und wenn Sie schlau sind, stellen Sie sich schleunigst unter den Schutz der Himmelskönigin. Kommen Sie gut durch! Meinen Segen haben Sie. Und den von Maria auch!

Laetare, 6. März 2016